SANGUESSUGAS DO BRASIL

COLEÇÃO HISTÓRIA AGORA

Volume 1
A USINA DA INJUSTIÇA
RICARDO TIEZZI

Volume 2
O DINHEIRO SUJO DA CORRUPÇÃO
RUI MARTINS

Volume 3
CPI DA PIRATARIA
LUIZ ANTONIO DE MEDEIROS

Volume 4
MEMORIAL DO ESCÂNDALO
GERSON CAMAROTTI E BERNARDO DE LA PEÑA

Volume 5
A PRIVATARIA TUCANA
AMAURY RIBEIRO JR.

Volume 6
SANGUESSUGAS DO BRASIL
LÚCIO VAZ

Lúcio Vaz

SANGUESSUGAS DO BRASIL

Ameaças, desvios de dinheiro público, assassinatos: a história secreta de como políticos e empresários corruptos roubam o povo brasileiro

GERAÇÃO
EDITORIAL

SANGUESSUGAS DO BRASIL

Copyright © 2012 by Lúcio Vaz

1ª edição — Março de 2012

Grafia atualizada segundo o Acordo Ortográfico da Língua Portuguesa
de 1990, que entrou em vigor no Brasil em 2009.

COLEÇÃO HISTÓRIA AGORA

Editor e Publisher
Luiz Fernando Emediato

Diretora Editorial
Fernanda Emediato

Produtor Editorial
Paulo Schmidt

Assistente Editorial
Diego Perandré

Capa e Projeto Gráfico
Alan Maia

Imagens de Capa
istock.com

Preparação de Texto
Jaime Pereira da Silva

Revisão
Josias A. Andrade

DADOS INTERNACIONAIS DE CATALOGAÇÃO NA PUBLICAÇÃO (CIP)
(Câmara Brasileira do Livro, SP, Brasil)

Vaz, Lúcio
    Sanguessugas do Brasil / Lúcio Vaz. --
São Paulo : Geração Editorial, 2012.
(Coleção história agora ; v. 6)

    ISBN 978-85-8130-035-1

    1. Abuso de poder - Brasil 2. Brasil - Política e governo
3. Correio Brasiliense (Jornal) 4. Crônicas brasileiras
5. Corrupção na política - Brasil 6. Reportagens investigativas
7. Repórteres e reportagens I. Título. II. Série.

12-02668   CDD: 070.4493641323

Índices para catálogo sistemático

1. Corrupção política : Reportagens
investigativas : Jornalismo   070.4493641323

GERAÇÃO EDITORIAL

Rua Gomes Freire, 225/229 — Lapa
CEP: 05075-010 — São Paulo — SP
Telefax.: +55 11 3256-4444
Email: geracaoeditorial@geracaoeditorial.com.br
www.geracaoeditorial.com.br

2012
Impresso no Brasil
Printed in Brazil

Aos meus pais, Herocy e Maria Vaz,
in memoriam.

Sumário

PREFÁCIO 9

INTRODUÇÃO 15

1. O MENSALÃO 19

2. SANGUESSUGAS 37

3. BRASÍLIA NÃO TEM BOBOS 67

4. CABRA MARCADO PARA MORRER 81

5. NO FIO DA NAVALHA 101

6. A MÁFIA DOS REMÉDIOS..119

7. O BRASIL INACABADO 141

8. AS PAPELEIRAS — A INVASÃO DO PAMPA............................163

9. SOU ASSIM… MEIO ÍNDIO! 199

10. AS PAPELEIRAS — TERRAS ARRASADAS 213

11. FERROVIA DE FRAUDES 235

12. PAPELEIRAS — O JUÍZO FINAL...253

Prefácio

Ana Dubeux*

A redemocratização brasileira, com o definhamento do regime militar em 1985, restituiu à sociedade civil alguns dos direitos fundamentais usurpados pelas políticas do Estado de exceção. Ainda que por meio de sufrágio indireto, a eleição de Tancredo Neves à Presidência da República sinalizou o reencontro com um dos procedimentos mais elementares dos sistemas políticos: a escolha dos líderes por meio de um amplo consenso.

O processo de reabertura encerrou igualmente o feroz embate entre duas forças antagônicas: a censura e a liberdade à informação. Chegavam ao fim os ataques sistemáticos para silenciar a imprensa, instrumento dos mais poderosos para assegurar às sociedades modernas o direito de tomar ciência, refletir e debater a respeito de tudo que suscite o interesse público.

Foi a partir da retomada da atividade partidária e da atuação da imprensa independente que o Brasil deu passos apressados

HISTÓRIA **AGORA**

em direção a um novo patamar civilizatório. Três anos após os militares desocuparem o Palácio do Planalto, o Congresso Nacional redigia uma nova Constituição em 1988. No ano seguinte, 35 milhões de brasileiros escolhiam Fernando Collor de Mello como o primeiro Presidente da República eleito pelo voto direto, façanha que não ocorria desde a eleição de Jânio Quadros em 1960.

O político forjado no Palácio dos Martírios mudou-se para o belíssimo monumento projetado por Oscar Niemeyer na Praça dos Três Poderes com uma alcunha de forte apelo popular: a de "caçador de marajás". Collor de Mello simbolizava a nova imagem do Brasil, um país cansado dos desmandos impostos pelas oligarquias e ávido pela moralização na política. Dois anos e meio foram suficientes para revelar a maior chaga da recém-nascida democracia brasileira: um esquema de corrupção planejado, executado e mantido pelos altos círculos de poder em Brasília. Coube à imprensa trazer à luz o esquema PC Farias e assim detonar o movimento cívico que culminou no processo de *impeachment* e na renúncia do Presidente da República em dezembro de 1992.

Nascia a Era dos grandes escândalos. Vicejavam as primeiras quadrilhas a atuar de maneira organizada para saquear os cofres públicos. Estabeleciam-se novos modelos de corrupção que nos anos seguintes infestariam de parasitas a Esplanada dos Ministérios e o Congresso Nacional.

Gaúcho de São Gabriel, Lúcio Vaz já tinha 15 anos de profissão quando cobriu o escândalo Collor como repórter de política em Brasília. Especializou-se no que se convencionou chamar de jornalismo investigativo, modalidade que eleva aos níveis mais rigorosos os fundamentos da boa prática da imprensa: valiosas fontes em Brasília, técnicas avançadas de apuração e entrevistas; checagem exaustiva de dados; análise criteriosa de peças orçamentárias, relatórios contábeis, planilhas de custos.

Lúcio Vaz especializou-se em identificar as digitais da corrupção em Brasília. Aperfeiçoou um método para rastrear esquemas fraudulentos, desvelar enredos criminosos, perseguir quadrilhas. Teve de aprender a preservar a própria vida diante de ameaças dos engravatados fora da lei que investigava. Desenvolveu um instinto de sobrevivência.

Repórter especial do *Correio Braziliense* em 2005, Lúcio Vaz descobriu aquele que se revelou um dos escândalos mais cruéis da crônica brasileira desde a redemocratização: a máfia das sanguessugas. O esquema de desvio de verbas federais para as ambulâncias em Rondônia, revelado pelo *Correio Braziliense* em 2005, trouxe a público com quatro meses de antecedência o esquema desmontado pela Polícia Federal na Operação Sanguessuga. A prisão de 42 pessoas revelou uma sofisticada rede ilícita, com ramificações no Congresso, no governo estadual e nos municípios de Rondônia. Em mais uma das perversidades da política brasileira, o dinheiro que seria destinado a oferecer saúde básica a um dos estados mais pobres do país servia para um grupo de políticos, lobistas e empresários se locupletar.

A revelação da máfia das ambulâncias resultou na CPI das Sanguessugas, cujo relatório final listou a participação de 72 deputados no esquema fraudulento de distribuição de verbas federais. Boa parte dos envolvidos foi punida pelas urnas e não conseguiu reeleição. O aparente sucesso da Comissão Parlamentar de Inquérito ficou restrito às salas do Congresso. Em 2011, cinco anos depois da operação da PF, apenas um dos parlamentares citados foi condenado, em primeira instância, na Justiça Federal.

Também como repórter do *Correio*, Lúcio Vaz lançou-se em 2006 na investigação da construtora Gautama, envolvida em um esquema que repetia o *modus operandi* da corrupção em Brasília: manobras orçamentárias, movimentações suspeitas de recursos federais e relações promíscuas entre políticos e empresários. As inquirições com os envolvidos por meio de conversas telefônicas foram captadas pela Operação Navalha. Os diálogos constituem um valioso registro de como corruptos, tais como morcegos, fogem da claridade dos fatos.

Acostumado a bebericar chimarrão enquanto investiga malfeitos, Lúcio Vaz habituou-se a depurar as amargas contradições do país onde organizações criminosas acumulam riqueza a partir da miséria coletiva. O cotidiano de um repórter à procura de corrupção permite encontrar, durante a apuração da fraude na distribuição de remédios no Rio Grande do Norte, uma jovem que teve o primeiro filho aos 11 anos como parte do programa de incentivo à natalidade. O ofício da reportagem o leva a encontrar o sertanejo Canuto Fernandes Silva, 96 anos, que há meio século aguarda a construção da barragem de Oiticica na região do Vale do Açu (RN) e espera por uma intervenção divina — "Quem sabe é Deus" — para a conclusão da obra inacabada.

O livro de Lúcio Vaz é o testemunho jornalístico a mostrar as profundas raízes da corrupção na sociedade brasileira. A quinta economia mundial caminha a passos seguros para se tornar protagonista na comunidade internacional, mas carece de mecanismos eficientes para punir malfeitores. Seremos anfitriões de uma copa do mundo e de uma olimpíada, mas ainda estamos sujeitos à ação de grupos que se perpetuam mediante esquemas fraudulentos e fazem da rapinagem uma atividade cotidiana.

Trata-se de uma leitura oportuna para a reflexão sobre as carências nacionais, que privam o cidadão dos direitos constitucionais de acesso pleno à educação, à saúde e ao emprego. Cada real desviado pelo delito de uma sanguessuga torna mais distante o futuro que a nação almeja.

*ANA DUBEUX, Editora Chefe do *Correio Braziliense.*

Introdução

O país é sugado todos os dias. A expressão "sanguessuga", marcada pela operação policial que desmontou a máfia das ambulâncias, pode ser utilizada para políticos, empresários, servidores, lobistas, ongueiros, religiosos. O país é sugado pela empreiteira que frauda licitações, que paga propinas, superfatura obras. É sugado pelo governante que desvia recursos públicos, pelo parlamentar que representa interesses escusos no Congresso, pelo servidor corrupto que ajuda quadrilhas organizadas a se apropriar do bem público.

Os mecanismos de investigação e controle se aperfeiçoam a cada ano, mas a corrupção parece cada vez mais incontrolável, sem limites. Parece contagiar todo aquele que chega ao poder. Partidos com história de luta em defesa da ética perecem quando têm a caneta nas mãos para liberar verbas para aliados, acomodar afilhados políticos, militantes, parentes. A honestidade não tem preço, não pode ser mensurada, mas impressiona o fato de deputados venderem a sua dignidade por 30 mil reais. Políticos são flagrados com dinheiro sujo em malas, na bolsa, na cueca, na meia.

O país esperava um tempo novo na era Lula. Muitas bombas já estavam armadas para explodir no governo petista, é verdade, mas o partido também cometeu pecados novos. Cunhou a expressão "mensalão". Tudo na política parece montado para perpetuar os desmandos, os desvios, o roubo. Os partidos são associações privadas criadas para ocupar nacos do poder. Não têm ideologia, e a sua prática difere muito dos próprios programas. A organização partidária, o modelo de financiamento de campanha, a forma fisiológica de distribuição de cargos e verbas públicas, a promiscuidade nas relações público-privadas, o patrimonialismo, a impunidade tudo leva à descrença do povo, que já sai às ruas dizendo um sonoro "basta" à corrupção.

Este livro revela os bastidores de apurações que marcaram a história recente do país, sob a visão do seu autor, em reportagens publicadas no jornal *Correio Braziliense*. As atividades da máfia das ambulâncias e da empreiteira Gautama foram denunciadas com vários meses de antecedência em relação às operações policiais que as liquidaram. Reportagens publicadas no jornal também revelariam a atuação da máfia dos remédios, das empresas fantasmas e "gatos" da Ferrovia Norte-Sul. Tirariam a máscara de estudantes disfarçados de índio para ganhar bolsa do Prouni. Em uma dessas ações inescrupulosas, um lobista alertou a um prefeito interessado em liberar verbas federais: *Brasília não é um lugar de bobos. Ao contrário, é um lugar de gente muito esperta.* A capital federal parece cada vez mais um quartel-general do crime. Dali parte o dinheiro que é recebido por prefeitos e empresários corruptos, entidades com fins lucrativos, firmas de fachada. Afinal, o Brasil não está ali, está nos sertões, nas pequenas cidades, nas favelas e bairros de luxo das grandes metrópoles.

Mas o ataque aos cofres da nação não acontece apenas pelo roubo, pelo desvio de dinheiro. As perdas também são consequência da incompetência dos administradores, da omissão, da inoperância. O país está repleto de esqueletos de obras inacabadas. São hospitais, pontes, estradas e escolas que prestariam inestimáveis serviços a uma população carente, mas apodrecem a céu aberto. O dinheiro dos nossos impostos é desperdiçado ainda nas mordomias, nos privilégios, no luxo dos governantes. As riquezas naturais são sugadas por empresas privadas que visam tão somente ao lucro, sem se importar com a degradação ambiental e com os reflexos de sua ação nas comunidades mais fragilizadas e indefesas. O Estado se mostra mais uma vez inoperante.

O trabalho da imprensa tem sido tão intenso quanto o da Polícia Federal e o dos órgãos de fiscalização. O jornalismo investigativo cada vez mais se aproxima do trabalho policial, embora não conte com os seus instrumentos de ofício. Às vezes, comete excessos, mas tem colaborado para a revelação de esquemas montados para fraudar o erário. Em vários desses casos, foi preciso ir aos rincões mais distantes, atrás do dinheiro desviado, de fraudadores, de restos de obras abandonadas. Essas incursões não passaram despercebidas pelos chefes das quadrilhas. *Podia arrumar um jeito de mandar matar o cara lá*, sugeriu um deles, em conversa com um jagunço.

Boa leitura!

Deputado Roberto Jefferson do PTB-RJ, coloca gelo no olho machucado, durante depoimento sobre o escândalo de Corrupção dos Correios

1.
O MENSALÃO

O candidato a presidente Luiz Inácio Lula da Silva procurava desesperadamente garantir o nome do empresário e senador mineiro José Alencar em sua chapa. Já estávamos em meados de junho de 2002 e as eleições se aproximavam. Seria uma forma de tranquilizar o empresariado que ainda torcia o nariz para o sindicalista barbudo. Mas, para isso, ele precisava fechar um acordo com o PL de Valdemar Costa Neto, partido do senador. O deputado paulista sempre deu tudo por um cargo público, mas aquela aliança custaria muito mais caro para o PT. Ele sabia que teria dificuldade de eleger uma bancada forte em aliança com os vermelhos. Ocorre que havia um ingrediente especial nas eleições daquele ano. A Justiça Eleitoral havia determinado a verticalização das candidaturas. Isso significava que a coligação para a chapa presidencial teria de ser respeitada em todos os níveis da disputa. Acostumado a montar coligações com partidos como o PP, PTB e PFL, o PL teria agora uma aliança à esquerda. Seria impossível assegurar os 5% dos votos na disputa para a Câmara dos Deputados, exigência da lei eleitoral para que o partido tivesse maior espaço no Congresso e no horário eleitoral gratuito e, principalmente, uma fatia maior do Fundo Partidário. Para ceder o vice a Lula, Valdemar exigia um reforço de caixa. Os pagamentos ao PL e aos demais aliados do PT continuariam no governo Lula, mas na forma de mensalão.

Fui encarregado pela *Folha de S.Paulo* de acompanhar a negociação PT/PL, já que mantinha um bom contato com Costa Neto, desde os tempos em que ele apoiou o governo tucano. O então líder do PL fazia constantes reuniões com a bancada, no esforço de convencer seus comandados a acertar com o PT. Em um desses encontros a portas fechadas, no Hotel Nacional, fiquei no corredor à espera de informações. Depois de quase uma hora, saiu um deputado que eu conhecia. Ele estava furioso. Fomos até um canto e perguntei o motivo. Cabeça quente, ele desabafou:

— O Valdemar vai prejudicar todos nós. Ninguém vai conseguir se reeleger. Ele está pressionando porque levou dinheiro para fechar com o PT.

Naquela época, aquilo parecia algo despropositado, improvável. O Partido dos Trabalhadores ainda mantinha intacta a aura da honestidade. Mas perguntei:

— Ele levou quanto?

— O pessoal tá falando que é coisa de 10 ou 20 milhões (de reais).

Fiquei até o final da reunião, mas ninguém mais tocou no assunto. Preferi procurar outro deputado do PL em seu gabinete na Câmara. Contei o que tinha ouvido, preservando a fonte, e perguntei se fazia sentido.

— Estão falando disso mesmo, mas não sei de quanto foi o acerto — respondeu o parlamentar.

No mesmo dia, fui até a liderança do PL, anexo 2 da Câmara, e pedi para ficar sozinho com Valdemar em seu gabinete. Então, perguntei, de forma direta:

— Deputado, ouvi de dois integrantes da sua bancada que o senhor levou dinheiro para fechar com o PT. O que o senhor me diz sobre isso?

— Nunca menti para você. Vou lhe contar o que houve. Nós fechamos um acordo que envolve dinheiro, mas não é para mim, é para a campanha.

— Quanto foi acertado, deputado?

— Não tem um valor certo. Nós combinamos assim: tudo o que entrar no caixa da campanha do Lula será dividido na proporção das bancadas na Câmara. O PT tem 50 e nós temos 20. Se entrarem 70 milhões de reais, nós ficamos com 20 milhões. Isso vai ajudar a eleger a nossa bancada. Com a verticalização, a gente não elege os nossos deputados sem dinheiro.

No dia 21 de junho, uma sexta-feira, eu publiquei a matéria na *Folha de S.Paulo*. Não dava para esperar o fim de semana. O título era comedido: *PL diz que vai participar do caixa de campanha do PT.* Mas o texto contava todos os detalhes. Depois, ficamos à espera que os fatos se consumassem. Sem perceber, estávamos diante da gênese do mensalão, que foi descoberto somente três anos mais tarde.

Os acordos de campanha com o PL e outros partidos, como o PTB de Roberto Jefferson e o PP de Pedro Corrêa, criaram um esquema de compra de partidos que se estendeu pelos dois primeiros anos do governo Lula, de forma sistemática e continuada. Em depoimento prestado no Conselho de Ética da Câmara, em agosto de 2005, Costa Neto contou que o dinheiro prometido naquela campanha não tinha sido pago no prazo combinado.

— O Delúbio não teve condições de me pagar porque não estava vencendo fazer a campanha nacional.

Depois, a ajuda de campanha virou mensalão, ou seja, transformou-se em mesada.

HISTÓRIA AGORA

Em outubro de 2002, reportagem de Bob Fernandes na revista *Carta Capital* relatou em detalhes como foi aquele acordo, fechado em uma reunião no apartamento do deputado petista Paulo Rocha, que também seria beneficiado pelo mensalão e perderia o mandato, como Costa Neto. Lá estavam: Lula, Alencar, José Dirceu, Gilberto Carvalho, Delúbio Soares e Costa Neto. Lula e Alencar teriam ficado na sala, enquanto os demais tratavam do acerto financeiro em um quarto. O acordo quase não saiu. No final, Alencar entrou no quarto para as tratativas finais. Dirceu saiu e anunciou:

— Tudo bem, toparam.

O acerto teria ficado em torno de 10 milhões de reais.

A imprensa não insistiu mais naquele assunto. A grande novidade era a chegada do PT ao poder. Mas o governo Lula começou mal. Os cargos de segundo e terceiro escalões foram sendo preenchidos a conta-gotas, por causa da amplitude e complexidade da base aliada no Congresso. Sem falar das correntes do PT, que se comportavam como partidos independentes. Cada uma queria o seu ministro. O principal programa do governo, o Bolsa Família, apenas engatinhava. A execução orçamentária era pífia. Mas não surgiam denúncias de corrupção relevantes. O caso mais grave ocorrido em 2003 derrubou o subchefe de gabinete da Casa Civil, Waldomiro Diniz, homem de confiança de Dirceu. Ele foi acusado de tráfico de influência durante as negociações para a renovação do contrato da empresa GTech com a Caixa Econômica Federal. Aquilo parecia, porém, algo isolado. Poucos imaginavam que, nos porões de Brasília, o pagamento de mesada a parlamentares corria solto, tudo financiado pelo Partido dos Trabalhadores.

A expressão "mensalão" surgiria na grande imprensa em 24 de setembro de 2004, em reportagem publicada no *Jornal do Brasil*. *Planalto paga mesada a deputados*, dizia o título de primeira página. Na página 3, o título apontava o autor da denúncia: *Miro denuncia propina no Congresso.* O texto da reportagem assinada por Paulo de Tarso Lyra, Hugo Marques e Sérgio Pardellas era preciso: *O governo montou no Congresso um esquema de distribuição de verbas e cargos para premiar partidos da bancada governista. Chamado 'mensalão', trata-se de uma mesada fixa em troca de votos favoráveis no painel eletrônico.* A denúncia teria sido feita por vários parlamentares ao deputado Miro Teixeira, na sua passagem pela liderança do governo na Câmara. No dia seguinte, nova matéria publicada na página 3 do *JB* anunciava que o presidente da Câmara, João Paulo Cunha (PT-RS), teria determinado a apuração das denúncias. Mas, o presidente disse que tomava a decisão para que não pairassem dúvidas *diante de notícias infundadas.* Miro Teixeira, naquela época no PPS, divulgou nota negando que tinha partido dele a denúncia formal sobre o caso. Mas, João Paulo sabia que a denúncia tinha fundamento. Em setembro de 2003, a mulher do deputado, Márcia Regina Milanésio, havia feito um saque de R$ 50 mil da conta de uma empresa do operador do mensalão, Marcos Valério. Ele seria depois denunciado ao Supremo Tribunal Federal por corrupção passiva, lavagem de dinheiro e peculato.

O restante da imprensa não tocou mais no assunto, que ficou adormecido até maio de 2005, quando a verdade começou a vir à tona, da forma mais improvável possível. Tudo começou com um vídeo que registrava o diretor dos Correios, Maurício Marinho, recebendo míseros 3 mil reais de propina. Como a estatal era controlada pelo PTB, partido da base governista, foi criada a CPI dos Correios. Pressionado por novas denúncias de corrupção na direção da estatal, no início de junho, o presidente do partido, Roberto Jefferson, revelou ao país a existência do mensalão, em reportagem publicada na *Folha de S.Paulo* no dia 6 de junho.

Chamado para depor na CPI dos Correios, no final daquele mês, Jefferson confirmou tudo, admitiu ter recebido uma mala

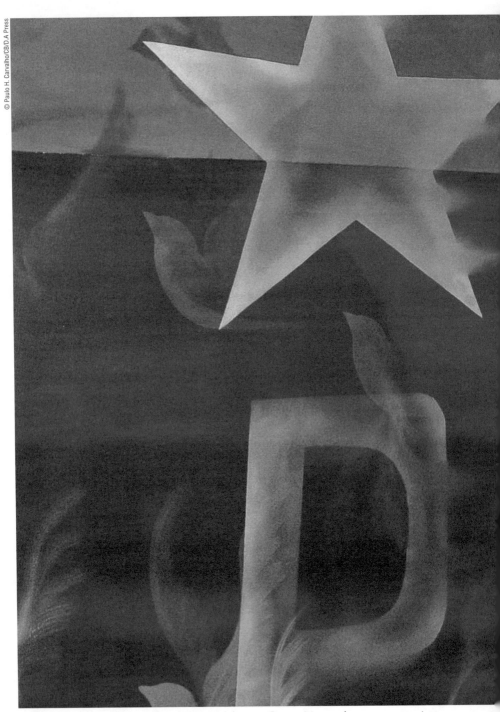

Presidente do Partido Liberal (PL), Valdemar Costa Neto, durante entrevista na sede do partido

com 4 milhões de reais das mãos do empresário Marcos Valério e acrescentou um fato novo: mensaleiros teriam feito saques na boca do caixa em uma agência do Banco Rural no 9º andar do Brasília Shopping, na capital federal.

Eu acompanhava o depoimento para o *Correio Braziliense*. Saí do Congresso tarde da noite e passei no local citado. Estive na administração, no subsolo *shopping*, mas o gerente já havia saído. Voltei na manhã seguinte, bem cedo. Expliquei o que havia ocorrido e solicitei a ele uma cópia dos registros de entrada de pessoas na torre em que ficava a agência do Banco Rural. Para minha surpresa, ele liberou os dados sem problemas. Estavam registrados em um arquivo em "*word*".

Corri para o jornal, liguei o computador e comecei a fazer buscas com os nomes mais conhecidos do Congresso. Em pouco tempo, apareceu um registro que não deixava dúvidas. Estava escrito "dep. José Borba". Tratava-se simplesmente do então líder do PMDB na Câmara. A sensação de impunidade era tanta que Borba apresentou na portaria no *shopping* a sua carteira de identidade parlamentar. Naquele mesmo dia, houve um saque de 200 mil reais da conta de uma das empresas de Marcos Valério naquela agência. Publicamos a matéria em primeira mão no sábado, 2 de julho. Mas, eu percebi que o trabalho exigia reforço, porque teríamos de fazer buscas com nomes de parlamentares e assessores. Foi destacado o repórter Ugo Braga para dividir comigo as tarefas. Nos dias seguintes, começaram a pingar informações. Braga apurou que a mulher do ex-presidente da Câmara João Paulo Cunha, Márcia Regina, havia feito um saque na mesma conta. Mais tarde, a CPI apuraria que o valor tinha sido de 50 mil reais.

Na terça-feira, 5 de julho, eu fui chamado para uma conversa com um assessor do Congresso. Por coincidência, combinamos um encontro em um café do Brasília Shopping. Ele apareceu com impressos que mostravam nove visitas do tesoureiro nacional do

PL, Jacinto Lamas, à agência do Banco Rural entre setembro de 2003 e janeiro de 2004. Ele havia estado outras cinco vezes na Torre Norte do *shopping*, onde ficava a agência bancária, mas tinha registrado outros endereços. Eu conhecia Jacinto desde 2008, época em que ele era chefe de gabinete do deputado Álvaro Vale (PL-RJ), então presidente do partido. Nos últimos anos, ele havia assumido o cargo de tesoureiro do PL. Telefonei para Jacinto e perguntei se ele conhecia Marcos Valério. Ele disse que havia encontrado o empresário eventualmente na Câmara. Então, perguntei:

— Você esteve alguma vez no Banco Rural, fazendo saques?

— Não, não estive, por quê?

— Surgiu a informação de que você teria ido ao banco para fazer saques, periodicamente, em 2003...

— Não, não, não estive não. Nosso contato com a SMP&B foi exclusivamente para tratar da programação visual do partido.

— No sistema de dados do edifício aparece o seu nome em várias visitas ao Banco Rural.

— Aparece o meu nome?

— Vê se é o seu nome: Jacinto de Souza Lamas?

— Hã, hã.

Ele começou, então, a lembrar dos fatos.

— Nós passamos o ano inteiro tratando da nossa programação visual. Eventualmente, eu encontrava com eles lá.

— Eles tinham um escritório da agência lá?

— Não, eles não tinham. Eles se encontravam em qualquer lugar.

— Nesses encontros no banco, estava o Marcos Valério?

— Não, um funcionário dele. Tudo o que tratei com ele foi na Câmara ou em Belo Horizonte. Meus contatos com ele eram comerciais.

No dia seguinte, o *Correio Braziliense* noticiou o fato com a seguinte manchete: *Tesoureiro do PL na boca do caixa*. Em depoimento

Pessoas assistem em telão ao pronunciamento do deputado Roberto Jefferson, durante a votação da cassação de seu mandato, por causa do Mensalão

HISTÓRIA AGORA

à Polícia Federal semanas após, Jacinto confessou que Marcos Valério havia repassado 10,8 milhões de reais de suas contas para o presidente do PL, Costa Neto. Disse que os repasses haviam sido feitos entre fevereiro de 2003 e agosto de 2004, por intermédio da empresa Guaranhuns. Os saques foram feitos na boca do caixa do Banco Rural no Brasília Shopping. A ajuda seria resultado de um acordo de campanha fechado com o então tesoureiro do PT, Delúbio Soares, na formalização da aliança que resultou na chapa Lula/Alencar.

Concluída essa reportagem, voltamos a investigar os assessores dos deputados suspeitos. Como o volume de dados era gigantesco, decidi usar um programa de computador para fazer as buscas. Eu tinha comigo, em meio magnético, uma relação com 5,6 mil secretários parlamentares da Câmara. Eu havia utilizado os dados para fazer uma reportagem acerca do nepotismo em 2003. Peguei os registros da portaria do *shopping* e a lista dos assessores parlamentares e fui até a assessoria do PFL na Câmara, que contava com um grupo de apoio de informática muito eficiente. Pedi para que eles fizessem o cruzamento dos dados. No dia seguinte recebi o resultado, que era espantoso. Secretários de 67 parlamentares de 11 partidos haviam estado no 9º andar do Brasília Shopping. Entre eles, sete do PFL. Mas, a maior surpresa é que havia nove petistas suspeitos. Até aquele momento, apenas os partidos aliados eram apontados como beneficiários do mensalão. Aparentemente, não fazia sentido um petista receber mesada para apoiar o próprio governo. Mas, experiências anteriores mostravam que é preciso desconfiar sempre. Teve início, então, o trabalho de apuração mais demorado. Teríamos de ouvir o chamado "outro lado", ou seja, procurar todos os servidores que apareciam no cruzamento. A checagem era necessária porque o registro da portaria indicava a passagem de todos pelo 9º andar. Alguém poderia, entretanto, ter ido a algum outro escritório naquele piso. Mesmo tendo ido ao banco, o motivo do saque poderia

ter sido outro. Havia, ainda, a possibilidade de ser algum homônimo. Isso seria fácil conferir, porque havia o número da identidade dos visitantes nos registros.

Começamos pelos petistas, até pelo inusitado da situação. Li-
gávamos para os gabinetes e informávamos que determinado
secretário parlamentar teria comparecido ao Banco Rural em tal
dia. Alguns pediam tempo e enviavam documentos ao jornal.
Os deputados Devanir Ribeiro e Vicentinho, do PT de São Paulo, enviaram por fax cópias da carteira de identidade de seus
funcionários. Ficou claro que as visitas ao banco tinham sido
feitas por homônimos. O gabinete de Wasny de Roure (PT-DF)
também provou que se tratava de um homônimo do servidor
citado. Mais do que isso, a visita ao banco acontecera em junho
de 2002, antes do início do governo Luiz Inácio Lula da Silva,
em um período em que o candidato ainda procurava desesperadamente o seu vice. O deputado Sigmaringa Seixas (PT-DF) informou que a sua secretária parlamentar, que recebia salário de
520 reais, teria ido ao banco para descontar um cheque de 400
reais, fruto de um serviço prestado para complementação de
renda. O deputado Paulo Rocha (PT-PA) mentiu. Disse que a
secretária parlamentar esteve no banco fazendo pagamentos
pessoais. Em agosto daquele ano, em depoimento à Polícia Federal, Leocádia confirmou ter sacado 620 mil reais da conta da
empresa SMP&B, de Marcos Valério, a pedido de Rocha. O dinheiro teria sido usado para pagar fornecedores da campanha
eleitoral de 2002. Mas, enquanto fazíamos a checagem da lista,
não contávamos com essas informações. Outro fato curioso: entre agosto de 2003 e março de 2005, o motorista particular do
líder do PFL na Câmara, Rodrigo Maia, havia comparecido 14
vezes ao 9º andar do Brasília Shopping. Maia sustentou que o
seu funcionário teria ido ao banco para pagar despesas feitas em
um posto de gasolina no Rio de Janeiro.

Começamos a perceber que a apuração nunca seria totalmente precisa. Em alguns casos, precisaríamos confiar na resposta dos acusados, que poderiam estar mentindo. O mais grave, porém, é que poderíamos expor o nome de algum inocente, ou vários deles. E não se tratava apenas dos nove petistas. A lista tinha 67 nomes, incluindo 11 do PP, 10 do PMDB e 9 no PTB, por exemplo. Em algum momento, teríamos de analisar os casos em que houvesse dúvida e decidir: esse é culpado, esse é inocente, esse é culpado. Assumiríamos, portanto, o papel de juiz. Como o trabalhado já durava uma semana, sem resultados práticos, decidimos abortar a pauta. Nas semanas seguintes, o trabalho de investigação da CPI dos Correios apontaria quem realmente havia feito saques nas contas de Marcos Valério. Entre os sacadores estavam: Jacinto Lamas e Anita Leocádia. A lista de beneficiados pelo esquema tinha também muitos parlamentares, alguns deles do PT. Ameaçados de cassação pelo plenário da Câmara, os deputados Costa Neto, Paulo Rocha, José Borba e Bispo Rodrigues (PL-RJ) renunciaram ao mandato. O ex-líder do PP, José Janene (PR), conseguiu se aposentar por invalidez antes de ser julgado. Ele morreu em razão de problemas cardíacos em setembro de 2010. Foram cassados apenas os presidentes de partido Roberto Jefferson (PTB-RJ) e Pedro Corrêa (PP-PE) e o ex-ministro José Dirceu. A maioria dos parlamentares denunciados pela CPI foi absolvida pelo plenário da Câmara, entre eles os petistas João Paulo Cunha, José Mentor (SP) e Josias Gomes (BA), mas nem todos escaparam ao processo no Supremo.

No dia 15 de julho, uma sexta-feira, em viagem à França, o presidente Lula concedeu entrevista exclusiva a uma emissora de televisão francesa e procurou minimizar os erros cometidos pelo seu partido. As declarações foram divulgadas no programa Fantástico, domingo à noite.

— O que o PT fez, do ponto de vista eleitoral, é o que é feito no Brasil sistematicamente — afirmou Lula.

SANGUESSUGAS DO BRASIL

Ele faria ainda outra declaração profética, finalizando com uma pergunta que ainda não foi respondida.

— Infelizmente, o Brasil atravessa outra crise política. Nós já atravessamos outras crises no passado, ligadas à corrupção. Quando é que o Brasil vai se livrar definitivamente dessa doença, qual é a cura definitiva?

Passados seis anos da revelação feita por Roberto Jefferson, nenhum mensaleiro havia sido julgado ainda. Em 9 de julho de 2011, o procurador-geral da República, Roberto Gurgel, pediu ao Supremo a condenação de 36 dos 38 envolvidos no maior esquema de corrupção do governo Lula. Entre os acusados estavam Marcos Valério, Delúbio Soares, José Dirceu, Valdemar Costa Neto, Jefferson, Pedro Corrêa, José Borba, João Paulo Cunha, Paulo Rocha, Jacinto Lamas e Anita Leocádia. Mas o julgamento final foi previsto para o início de 2012, o que não significará a cura definitiva dessa doença endêmica chamada corrupção.

Deputado Nilton Capixaba durante entrevista sobre denúncias no desvio de verba da saúde por meio de emenda parlamentar

2.
SANGUESSUGAS

— **Podia arrumar um jeito** de mandar matar o cara lá.

A frase foi pronunciada no final de dezembro de 2005. A máfia das sanguessugas sabia que estava sendo investigada e avaliava se o melhor remédio naquele momento seria executar o repórter que metia o nariz onde não era chamado. Mas essa história começou meses antes, em um período em que o mensalão ainda agitava o Congresso, o governo Lula, os jornais, a opinião pública, enfim, o país inteiro. Estávamos em julho. Enquanto todos se preocupavam com o maior escândalo do governo Lula, outra quadrilha bem mais antiga agia em silêncio, sem ser incomodada pelos órgãos de fiscalização. Limpava os cofres públicos em uma operação formiginha, aos poucos, recolhendo migalhas, mas de forma muito organizada. Uma ponta do enredo chegou às minhas mãos por um político de Rondônia. Ele contou que um deputado do estado, Nilton Capixaba (PTB), segundo secretário da Mesa Diretora da Câmara, estava distribuindo dezenas de ambulâncias para pequenos municípios com recursos do Orçamento da União. Até aí, nada de novo, comentei.

Isso ocorria em vários estados. Eram as conhecidas "ambulâncias eleitoreiras", que mais transportam eleitores do que doentes. Mas, os veículos estavam sendo entregues em quase todo o estado, disse o denunciante. Também não era novidade, insisti. Ele acrescentou, então, um fato curioso, no mínimo. Todas as prefeituras envolvidas compravam ambulâncias montadas em uma mesma fábrica, a Planam, de Cuiabá. O adversário de Capixaba suspeitava que ele houvesse montado um esquema para receber propina das prefeituras, com a participação da fábrica de ambulâncias.

— Agora, temos uma história — comentei.

A fonte acrescentou que Capixaba estaria usando uma ONG controlada politicamente por ele para distribuir os veículos nos últimos anos. No mesmo local da sede da entidade, a Associação Rural Canaã, teria funcionado um comitê eleitoral do deputado. As informações eram interessantes, mas seria preciso comprovar tudo no local, e não seria possível ir até Rondônia naquele momento, porque a CPI do Mensalão fervia. O político também argumentou que seria melhor esperar pelo funcionamento da Comissão Mista de Orçamento, quando a quadrilha voltaria a operar com força. Além disso, o assunto teria maior repercussão. Somente em novembro eu atacaria esse caso.

Comecei levantando todas as emendas de Capixaba para o seu estado. Nos primeiros anos, ele apresentava emendas individuais destinando recursos específicos para cada município — entre 80 mil e 100 mil reais para cada um. Nos últimos anos, porém, ele havia passado a fazer emendas com enunciado genérico, sem citar os municípios beneficiados, o que dificultava o rastreamento da divisão do bolo. O texto falava em recursos para *estruturação do sistema de atenção básica à saúde*. Para 2006, a proposta era ainda mais abrangente. Ele apresentara uma emenda de um milhão e meio de reais para *aquisição de equipamentos e unidades móveis para municípios e entidades no estado de Rondônia.* A Associação Canaã, por exemplo, poderia se candidatar à administração e distribuição da verba.

Ainda assim, já era possível identificar dezenas de veículos entregues a um custo de milhões de reais. Em seguida, peguei um mapa de Rondônia e assinalei, com uma caneta marca-texto, os municípios contemplados. Era possível visualizar uma concentração na região de Cacoal, cidade de porte médio, longe da capital. Depois, busquei alguns contatos no Ministério da Saúde, para entender como funcionava essa distribuição de ambulâncias, ali chamadas de unidades móveis de saúde. Descobri que o dinheiro saía do Fundo Nacional de Saúde, ou seja, dos cofres do governo federal. Mas eram feitos convênios com as prefeituras, que realizavam as licitações para a compra dos equipamentos. Depois, elas prestavam contas ao ministério. Mas, não teriam surgido denúncias de fraudes no ramo nos últimos anos. Percebi que seria necessária uma apuração de campo, visitando as prefeituras que haviam feito contrato com a Planam. Lá, eu poderia analisar as licitações e apurar possíveis irregularidades. Esperava contar com a ajuda principalmente de prefeitos que tivessem tomado posse no início do ano. Eles certamente entregariam possíveis falcatruas de seus antecessores, no caso de serem adversários políticos.

O próximo passo foi marcar uma viagem a Rondônia. A história poderia parecer um tanto quanto localizada, uma daquelas fraudes que ocorrem nos confins do país, envolvendo políticos locais sem maior expressão. Expliquei ao diretor de jornalismo do *Correio Braziliense*, Josemar Gimenez, que aquilo, na verdade, seria a ponta de um esquema maior, que certamente envolveria outros estados. E tudo financiado com recursos federais, em plena tramitação do Orçamento da União. Josemar ouviu todos os argumentos e apostou na história. Viajei no dia 13 de dezembro, com o repórter fotográfico Iano Andrade. Antes, telefonei para o informante de Rondônia, indiquei a região para onde iria e pedi para

Ambulâncias novas no pátio da concessionária Vemaq, prontas para serem entregues

ele fazer alguns contatos iniciais com os prefeitos que conhecia. No mínimo, ele apontaria possíveis aliados de Capixaba. Esses deveriam ser evitados, por uma questão de segurança.

Chegamos a Porto Velho na terça-feira quase à meia-noite. Pegamos um carro alugado, um Gol chumbo, e fomos para o hotel. Acordamos cedo e tomados o café da manhã com o nosso informante. Ele apresentou mais detalhes da fraude, inclusive com documentos relativos a uma prefeitura, e deu o nome de autoridades municipais que poderiam ajudar com mais informações e documentos. Fechamos a conta e partimos para Cacoal, distante cerca de 470 quilômetros, pela BR-364. A estrada estava ruim e fazia um mormaço intenso. Como ninguém é de ferro, paramos em uma churrascaria de beira de estrada lá pelas 13h. Só chegamos ao destino por volta das 16h. Achamos um hotel no centro, largamos as malas e fomos atrás da Associação Rural Canaã, perto dali, na Avenida 7 de Setembro. Iano fez fotos da fachada e logo entramos. Fui recebido pelo diretor da associação, Isaias Nunes. Informei que estava fazendo uma reportagem a respeito de obras com recursos federais e perguntei como a entidade atuava. Ele prestou informações superficiais acerca do funcionamento da associação. Não falei muito, até porque já sabia que Capixaba usava a entidade para ter o controle na distribuição de ambulâncias. Em anos anteriores, a entrega era feita diretamente às prefeituras. Solicitei uma entrevista com o deputado, que estava em Brasília, e deixei o número do meu celular. Depois, voltamos ao hotel e ficamos quietos, para não chamar a atenção na cidade. Aproveitei para analisar os documentos que havia recebido em Porto Velho. Quando veio a noite e o calor arrefeceu, sobrou tempo para tomar um bom chimarrão, em frente à pousada, em uma cadeira confortável, com armação de ferro e forrada com fios de plástico.

SANGUESSUGAS DO BRASIL

Acordamos junto com o sol, tomamos café e saímos à busca das ambulâncias. Cacoal havia recebido os equipamentos em anos anteriores. Fomos direto à Secretaria Municipal de Saúde. Lá, recebi no celular o primeiro telefonema de Capixaba. Relatei o que estava apurando e falei da suspeita de fraudes. Ele ficou agitado com a informação.

— Não tem nada disso. Faço questão de falar com você pessoalmente para explicar tudo. Estou em Brasília, mas chego à noite em Cacoal. Espere na cidade! — pediu o deputado.

— Deputado, eu não posso esperar. Pego um avião hoje à noite em Porto Velho — respondi.

Após alguns minutos de conversa, fiz uma proposta que me parecia prática. Eu desconhecia os riscos que correria.

— Deputado, no final da tarde eu estarei a caminho de Porto Velho, e o senhor vindo para Cacoal. Nós nos encontramos no caminho. A gente fica em contato durante o dia para marcar o local exato do encontro.

Ele topou o acordo. Na Secretaria de Saúde, fomos informados que havia uma ambulância antiga em reforma na garagem da prefeitura, na periferia da cidade. Fora comprada havia vários anos com recursos de emendas de parlamentares. No local, verificamos que se tratava de um veículo Fiat adaptado. Ainda sobre um macaco mecânico, o carro estava bastante detonado, mas ainda poderia ser útil. Na lateral esquerda, à frente da porta, havia um logotipo bem pequeno, com a inscrição "Santa Maria, Com Rep Ltda". Era a primeira vez que via o nome daquela empresa. Ninguém soube explicar o que significava. Quando retornávamos para o centro, em uma rua asfaltada, avistei à esquerda, no pátio da revendedora Chevrolet Vemaq, dez ambulâncias zero quilômetro, alinhadas. Paramos ali mesmo para fazer fotos. Durante o dia, faríamos centenas de imagens, mas aquela seria publicada na página dois do jornal, abrindo a reportagem. Chegamos à concessionária e procuramos informações com um diretor. Ele disse que a empresa estava guardando os veículos "a pedido" de Marcos Capixaba, irmão do deputado. Com autorização do diretor, fizemos mais fotos no pátio.

Antes de deixar a cidade, fomos visitar as obras inacabadas do Hospital Regional de Cacoal. À primeira vista, os trabalhos pareciam bastante adiantados. O hospital ocupava espaço equivalente ao de uma quadra de cidade, ou quarteirão. Com capacidade para 150 leitos, as instalações haviam parado pela metade. Estavam prontos: as paredes, os telhados, parte do piso e do acabamento. Operários faziam a reposição de portas, janelas e fiações que tinham sido roubadas em anos anteriores. A exposição ao rigor do tempo durante 15 anos resultou em infiltrações em várias paredes. A construção já havia consumido 16 milhões de dólares, mas seriam necessários pelo menos mais 10 milhões de reais para a sua conclusão. A obra foi iniciada em 1991 e se arrastou durante sete anos, com a execução chegando a 50%. Depois, faltaram recursos para a sua continuidade. Fora retomada nos últimos anos, mas novamente paralisada em março de 2005 porque o TCU (Tribunal de Contas da União) encontrara irregularidades como falta de projeto básico e de planilha de preços, transferência do contrato e superfaturamento de preços. A empreiteira Mendes Carlos, que vencera a licitação, repassou os serviços para a Pilar Engenharia. Ninguém na cidade tinha informações a respeito da construção. Por telefone, consegui contato com um integrante do Conselho Estadual de Saúde, Raimundo Nonato Soares. Ele não tinha papas na língua.

— Aquela obra foi feita para desviar dinheiro público. Já teriam feito quatro hospitais se tivessem mesmo a intenção de concluir algo — comentou.

As primeiras verbas para a obra foram conseguidas pelo ex-senador Ronaldo Aragão (PMDB-RO), que foi processado por suposto envolvimento no esquema dos "Anões do Orçamento", em 1993. Ele foi absolvido pelo plenário do Senado, mas morreu dois anos depois, vítima de enfarte, aos 49 anos. No ano da nossa visita ao hospital, a viúva do senador, Suely Aragão, era a prefeita de Cacoal. Enquanto o hospital não ficava pronto, dezenas de ambulâncias cortavam a BR-364 todos os meses, transportando para a capital os doentes daquela região esquecida.

Era hora de pegar a estrada. Estivemos em várias cidades. Nenhum prefeito quis receber a reportagem, mas alguns deles empurravam a missão para o secretário municipal de saúde, ou para servidores de terceiro ou quarto escalões. Sem malícia política, alguns deles mostravam as suas unidades móveis e até mesmo os processos de licitação. Reinava naqueles rincões uma espécie de "lei do silêncio". Todos pediram para não ser identificados, temendo perseguição política ou até agressões físicas.

— Esse pessoal é uma máfia. Eles fazem ameaças, são violentos. Tome cuidado, moço — recomendou um secretário de saúde.

Ele afirmou que o deputado Nilton Capixaba indicava as empresas que deveriam participar de uma licitação dirigida. Depois, pressionava a prefeitura a aceitar o produto entregue pela fábrica, apesar da péssima qualidade dos equipamentos. Seguimos viagem e fomos colhendo depoimentos. Na cidade de Ministro Andreazza, próximo a Cacoal, descobrimos que uma ambulância da prefeitura fora apreendida pela Polícia Rodoviária Federal naquele ano quando transportava um paciente de hemodiálise para Ji-Paraná. Os documentos do veículo eram falsos. Estavam em nome da empresa Klass, Comércio e Representações, que havia vencido a licitação feita em 2003. Tive acesso a uma sindicância da prefeitura sobre a compra. A empresa teria se comprometido a transferir a propriedade do veículo para a prefeitura, o que jamais ocorreu. A administração anterior considerou inadequado para a região o furgão oferecido, da marca Iveco/Fiat. Mas a Klass foi a única concorrente. Os outros inscritos na licitação não apareceram na abertura das propostas. Parecia coisa armada. Pudemos analisar e "vistoriar" a

HISTÓRIA AGORA

ambulância na garagem. Os equipamentos pareciam improvisados e insuficientes. Os materiais eram de má qualidade. Após visitar alguns municípios, fomos para o outro lado da BR-364. Percorremos uma longa e esburacada estrada de terra vermelha. Por onde passávamos, deixávamos para trás uma nuvem de poeira que custava a baixar. Fiquei impressionado com aquelas grandes extensões de áreas desmatadas, cobertas por tocos de árvores, resultado do desmatamento desenfreado na época da ocupação do estado.

Chegamos a Alvorada D'Oeste no meio da tarde. Em conversas com funcionários da Secretaria Municipal de Saúde, descobrimos um fato curioso. A prefeitura havia descoberto naquele ano algo de errado com a sua ambulância. Chegara uma multa de trânsito emitida contra o veículo em 2002. A infração fora cometida em 19 de agosto, na BR-163, em Mato Grosso do Sul, mas a prefeitura havia recebido a ambulância "zero quilômetro" em 23 de setembro daquele ano, como apontou uma investigação interna. Quem forneceu o veículo já adaptado foi a empresa Santa Maria, Comércio e Representações, vencedora da licitação. Analisei sindicâncias, auditorias e processos de licitação em vários municípios. Em nenhum desses documentos aparecia o nome da Planam, que fabricava as ambulâncias. Nas propostas das concorrências apareciam sempre a Klass, a Santa Maria e a Comercial Rodrigues. Alternadamente, uma ou outra ganhava a licitação. As prefeituras diziam que essas empresas eram "representantes comerciais" da Planam. Autoridades municipais também informaram que, nos últimos anos, as ambulâncias tinham sido entregues pela Associação Canaã, que teria como responsável Marcos Capixaba.

Durante a viagem, recebi cópia de uma ação civil do Ministério Público Estadual, que apontava irregularidades na compra de uma ambulância pela prefeitura de Cerejeiras. Não pude ir até lá, porque o município ficava em outra região do estado, distante 90 quilômetros da capital. Mas os dados eram semelhantes. Única concorrente, a Klass foi a vencedora da concorrência, que teve divulgação acanhada. O processo foi cancelado e realizada nova licitação. Mas a Klass venceu novamente, e sem disputa. *Restou evidenciado que as licitações foram escandalosamente dirigidas, ou seja, fraudadas*, registrou o promotor Flávio Andrade. A prefeitura ainda recebeu um veículo 2002 como se fosse 2003, e com preços superfaturados. Andrade acrescentou que o Ministério da Saúde firmara convê- nios similares com outros municípios para adquirir ambulâncias. *Em todos esses casos a vencedora dos certames foi justamente a Klass*, informou o procurador.

Quando partíamos de Alvorada, recebi outro telefonema de Capixaba.

— Onde vocês estão? — perguntou o deputado.

Falei que estava saindo da cidade, indo em direção à BR. Ele informou que já estava a caminho de Cacoal, mas ainda perto da capital. Seguimos viagem, mas agora em uma estrada estadual asfaltada. Mais uma hora e chega outro telefonema do deputado.

— Em que carro vocês estão?

— Em um Gol de cor chumbo.

— Tem mais alguém com você?

— O fotógrafo.

Nós nos encontramos em um posto de gasolina às margens da BR 364, em uma pequena cidade que ficava bem no meio do caminho. Chegamos antes e tomamos um café na lanchonete. Quando ele apareceu, saímos da loja e recomendei a Iano que ficasse mais afastado para fotografá-lo. Isso nos daria maior segurança. O deputado estava em uma caminhonete cabine dupla, e com dois "assessores" mal-encarados. Pedi para gravar uma entrevista em local distante a cerca de 40 metros do posto e dos "assessores". Ele estava bastante sério, com um olhar ameaçador. E foi apresentando as suas explicações:

— Isso é armação dos meus adversários. Não há nenhuma irregularidade. Eu não faço licitação, não compro. Só apresento a emenda. Se algum prefeito cometeu irregularidades, que seja punido.

Fachada da OSCIP – Associação Canaã, entidade que recebe os recursos de emendas parlamentares, ligada ao desvio de verbas da saúde, para aquisição de ambulâncias para municípios de Rondônia

Aos poucos, ele foi ficando mais descontraído. Colocou o pé direito sobre um toco de meio metro e passou a gesticular nervosamente. Mas eu não contei tudo o que sabia. Achei melhor abrir todo o jogo em Brasília, onde estaria em segurança. A noite caía rapidamente, e ainda teríamos duas horas de viagem até Porto Velho. Nós nos despedimos e seguimos para a capital. Já noite escura, pegamos um temporal. Para nosso azar, furou um pneu do carro. Iano desceu na chuva torrencial e trocou o pneu. Logo adiante, tivemos de parar em um posto para ele trocar de roupa. Chegamos ao aeroporto por volta das 23h, onde nos esperava um informante local. Em meio à madrugada, após vários chopes, peguei um avião para Brasília, enquanto Iano seguia para o Acre, em outra missão.

Na sexta pela manhã, já em Brasília, nova ligação de Capixaba, que estava bastante agitado. Ele disse que estava sendo perseguido por dois grupos que se revezavam no comando da política do estado. Um seria do PMDB e outro seria liderado pelo governador Ivo Cassol (PPS). Tudo porque ele estava liderando as pesquisas de opinião para o Senado no ano seguinte. E disse mais:

— Essa matéria foi encomendada pelos meus adversários. Tenho informações de que você foi contratado para fazer a reportagem.

— Quem disse isso, deputado? — perguntei.

— Uma fonte no Ministério da Saúde me disse, uma semana antes, que um jornalista iria a Rondônia para investigar a entrega de ambulâncias a prefeituras do estado — respondeu o deputado.

Perguntei se ele conhecia os donos da Planam, que vendiam ambulâncias para prefeituras. Citei Darci e Luiz Antônio Vedoin.

— Se eu disser que não conheço, estou mentindo. Mas não sou sócio nem tenho amizade com eles — respondeu.

Também questionei o deputado a respeito da atuação de seu irmão na Associação Canaã. Ele negou esse fato, mas admitiu que um primo seu, Elias Moisés, fora dirigente da entidade.

— Mas ele saiu, veio trabalhar na minha campanha. Ele é ligado aos evangélicos. Eu trabalho em parceria com a Canaã. Eu tenho contatos no ministério. Depois, é claro, eu participo da entrega dos veículos.

Como não tinha fechado o levantamento acerca da entrega de ambulâncias no estado, perguntei ao deputado quantos veículos ele havia liberado. Ele tinha os números na cabeça. Foram 120 ambulâncias para 52 municípios, com investimentos de 10 milhões de reais. Telefonei para a Planam na sexta-feira e falei pela primeira vez com Luiz Antônio Vedoin. Ele confirmou que fornecera veículos para a Klass e para a Santa Maria, mas disse desconhecer as denúncias de irregularidades nos contratos feitos com as prefeituras. Afirmou ainda que a fábrica, em Cuiabá, estaria aberta para uma visita da reportagem. Respondi que tentaria isso na semana seguinte.

A reportagem foi publicada no domingo, dia 18 de dezembro, com o título *As ambulâncias da fraude*. Os indícios, depoimentos e provas documentais obtidos em Rondônia comprovavam a entrega de produtos alterados, de baixa qualidade e com documentos falsos, vendidos em licitações dirigidas ou forjadas. Estava clara a ação de um grupo organizado para desviar recursos públicos. A chefia da organização era de Darci e Luiz Antônio Vedoin, pai e filho, que agiam por meio de empresas "laranjas". Apesar do perigo, as ambulâncias eram disputadas pelos prefeitos de pequenos municípios. Com precária estrutura de saúde pública, obras abandonadas e sem recursos para equipar hospitais, eles promoviam constante romaria de doentes à capital, transportados nas unidades móveis.

Mas percebi que ainda havia muito que apurar. Publicamos o que foi possível comprovar com instrumentos de investigação jornalística. Na segunda-feira, fui atrás da parte da história que estava submersa. O esquema certamente teria ramificações em outros estados, pensei. Comecei a apuração pelo Tribunal de Contas da União (TCU). Entrei no *site* do tribunal e fiz uma aposta grande. Escrevi: *Santa Maria, Comércio e Representações.* Bingo! Apareceu uma auditoria acerca da compra de unidades móveis por municípios do Acre em 2002. A investigação partiu de uma representação feita ao tribunal pelo procurador federal Fernando Piazenski, que apontou indícios de fraude em concorrências e superfaturamento de preços em contratos da prefeitura de Rio Branco. O TCU estendeu as apurações para mais três municípios acreanos: Porto Acre, Senador Guiomard e, por pura ironia, Capixaba. As vendas foram feitas pela Santa Maria, que teria funcionado como uma empresa de fachada da Planam. A Santa Maria alegou que as suas concorrentes haviam apresentado orçamentos falsos para embasar a tese de superfaturamento, mas o tribunal determinou a continuidade das investigações pela Secex/AC (Secretaria de Controle Externo do Acre). O caso estava em aberto. Solicitei uma atualização dos dados a fontes do TCU. Consegui contatos com auditores no Acre e recebi os achados mais recentes. Não lembro por que o relatório chegou à redação por fax. Era uma mina. Com o cruzamento das informações dos contratos das prefeituras com dados da Receita Federal, ficou provado que a Santa Maria fora constituída apenas para emitir notas fiscais na venda das unidades móveis. O endereço comercial e fiscal e os telefones da Santa Maria informados à Receita eram os mesmos da Planam. As duas empresas tinham o mesmo contador. Os procuradores e verdadeiros donos da Santa Maria eram Luiz Antônio Trevisan Vedoin e Darci Vedoin. A Receita concluiu que a Santa Maria *não existia de fato*. Seria *mera fachada para realização das vendas*. Mais: as "proprietárias" da Santa Maria — Maria Loedir e Rita de Cássia, empregadas domésticas com renda mensal de 600 reais — eram filhas de Enir Rodrigues de Jesus, dona da Comercial Rodrigues, outra empresa de fachada

SANGUESSUGAS DO BRASIL

que participava das licitações. Dois aspectos impressionavam: o nível de detalhamento das fraudes e o fato de ninguém ainda estar preso. Pelo contrário, continuavam agindo, embora em outro estado. Aquele fato demonstrou o quanto era falho o sistema de fiscalização dos recursos federais. Não havia interligação entre os órgãos de controle e investigação. Uma fraude ocorrida em um estado não havia sido punida e já estava sendo praticada em outro após três anos, com o mesmo modo de operação.

Os indícios agora eram provas cabais, obtidas pelo Poder Público, mas havia espaço para mais apurações. Procurei a Controladoria Geral da União (CGU) e perguntei a uma fonte se eu poderia ter acesso à íntegra das auditorias realizadas em pequenos municípios. Queria tudo em meio magnético para fazer buscas por meio eletrônico. Não bastavam os resumos publicados na página da Controladoria na internet, porque são resumidos. Fui informado de que os dados solicitados já existiam em meio magnético, mas eu não poderia ter acesso porque estavam em sigilo. Porém, um auditor poderia fazer a busca para mim, entregando o resultado da apuração. Solicitei que procurassem por três expressões: "Klass", "Santa Maria" e "Comercial Rodrigues". Mas isso teria de ser feito auditoria por auditoria. E eram mais de mil processos. O trabalho demorou três dias, com um resultado bem objetivo. Foram encontradas irregularidades na compra de ambulâncias e ônibus escolares, com a participação das três empresas e outras aliadas, em cerca de 30 municípios em quatro estados, Mato Grosso, Bahia, Espírito Santo e Rondônia. Lá também aparecia o caso de Cerejeiras. As empresas foram acusadas de superfaturamento, conluio na apresentação de propostas, simulação de concorrência e uso de documentos falsos. Em Salto do Céu (MT), houve fraude na venda de um ônibus escolar. Na Prefeitura de Bonival (BA), a Klass agiu em conluio com a Esteves & Anjos e a Leal Máquinas na compra de um consultório odontológico móvel. Surgiam, portanto, novas frentes de vendas e fraudes e novas empresas associadas à quadrilha.

No meio da semana seguinte, recebi um telefonema de uma secretária de Luiz Antônio Vedoin. O empresário estava em Brasília e queria falar comigo no hotel Naoun. Fui até lá e o encontrei no bar do hotel, onde estava em companhia de quatro homens vestidos de terno. Ele se apresentou como "procurador" da Planam e perguntou o que havia contra a empresa. Eu disse que havia apurado fraudes na venda de ambulâncias adaptadas pela Planam e distribuídas pela Klass, Santa Maria e Comercial Rodrigues.

— O senhor representa essas empresas? — perguntei.

— Não, eu represento a Planam — respondeu, repetindo que desconhecia as irregularidades que teriam sido praticadas pelas outras empresas.

A conversa foi rápida. Não pude falar sobre os dados que estava buscando no TCU e na CGU, porque ainda não havia recebido o resultado dessas apurações. No domingo seguinte, dia de Natal, publicamos a segunda reportagem, com o título: *Fraudes generalizadas.* Apresentamos a ramificação da organização em vários estados. Em um passo seguinte, procuramos fontes do Ministério da Saúde, do Ministério Público Federal e da Polícia Federal atrás de novas informações. No Ministério da Saúde, solicitei a relação de todos os municípios do país que haviam recebido ambulâncias a partir de 1999. Mas as portas estavam todas fechadas. Ninguém informava nada, embora já estivessem investigando o caso, de forma sigilosa. Na Comissão Mista de Orçamento não havia como identificar esses municípios, porque quase a totalidade das emendas que financiavam as compras tinha enunciado genérico, sem especificar as prefeituras beneficiadas.

Passados quatro meses e meio, em 4 de maio de 2006, uma quinta-feira, estourou a Operação Sanguessuga da Polícia Federal, que resultou na prisão de 44 pessoas, entre empresários, assessores parlamentares e servidores do Ministério da Justiça. Todos envolvidos na comercialização fraudulenta de ambulâncias para prefeituras de vários estados, os mesmos citados na reportagem do *Correio Brazilense*. A Procuradoria da República no Mato Grosso denunciou 81 pessoas por envolvimento com a quadrilha.

Em um primeiro momento, 11 deputados federais apareciam como suspeitos de colaborar com a máfia das sanguessugas. Seus nomes estavam registrados nas conversas gravadas pela Polícia Federal ou no livro-caixa da Planam recolhido nas buscas e apreensões de documentos. Ali constavam anotações de pagamentos feitos a parlamentares e a seus assessores. Na segunda-feira seguinte, 8 de maio, fui convidado para conversar com o então ministro da Saúde, Agenor Álvares, um funcionário de carreira com 28 anos de serviço no ministério. Fui até ao seu gabinete. Ele explicou por que o ministério se negou a prestar as informações que solicitara em janeiro daquele ano. Disse que o ministério havia repassado à Polícia Federal, em 2004, as primeiras denúncias acerca de fraudes na distribuição de ambulâncias. Depois, acompanhou o processo de investigação, fornecendo todos os documentos solicitados. O ministério analisa as contas apresentadas pelos municípios quando as compras são feitas com recursos federais, e determina a realização de auditorias quando são encontrados indícios de irregularidades. Mas, o ministro reconheceu que era difícil confirmar quando havia acerto entre os concorrentes. Por isso, pediu a ajuda policial. Com base nas informações que recebeu da Polícia Federal, Agenor comentou que a quadrilha *operava um orçamento paralelo*, com a destinação de recursos à revelia do Executivo e do plenário do Congresso.

— Ou a gente mexe na forma de formulação das emendas ou o Orçamento continuará sendo uma fonte inesgotável de corrupção — comentou.

O ministro disse que a maior brecha para as fraudes estaria nas emendas com enunciado genérico, que não definem os municípios a serem contemplados. Após aprovar suas emendas, no plenário do Congresso, os parlamentares recebiam uma senha do Ministério da Saúde para acompanhar a sua tramitação. Com essa senha, os congressistas acessavam o sistema informatizado do ministério e determinavam, *on-line*, os municípios que queriam ver atendidos. Escutas telefônicas feitas pela PF mostravam que alguns deputados haviam emprestado suas senhas para integrantes da quadrilha.

O caso ganhou maior abrangência quando Luiz Antônio Vedoin fechou com o Ministério Público Federal um acordo de delação premiada. O número de deputados envolvidos passou para várias dezenas. Em 27 de julho, o colega Gustavo Krieger, do jornal *Correio Braziliense*, teve acesso na íntegra do depoimento prestado durante nove dias. O empresário relatou em detalhes como, quando e quanto pagou de propina a cada parlamentar envolvido no esquema. Ele apresentou cópias de cheques, depósitos bancários, e deu datas e locais de pagamentos em dinheiro, listando os laranjas que receberam dinheiro em nome dos políticos. Havia integrantes de todos os partidos, com destaque para a bancada evangélica. O ex-deputado Bispo Rodrigues (PL-RJ), preso durante a operação policial, coordenava um grupo de seis deputados ligados à Igreja Universal. Havia deputados que coordenavam as operações nos estados, como João Caldas (PL) em Alagoas e Cabo Júlio (PMDB) em Minas. Eles reuniam prefeitos agraciados com as emendas e os orientavam a fraudar as licitações em favor do grupo Planam. Parte da propina foi paga na forma de presentes, que iam desde uma máquina de café até um automóvel BMW. Segundo Luiz Antônio, o deputado Josué Bengtson (PTB-PA) teria pedido que 39 mil reais fossem entregues à Igreja do Evangelho Quadrangular, para financiar a construção de um templo.

SANGUESSUGAS DO BRASIL

O líder do grupo Planam apresentou cópias de quatro depósitos bancários feitos "a favor" de Nilton Capixaba, alguns no valor de 10 mil reais, ou na conta de seus assessores na Câmara. Um deles era Francisco Machado Filho. Também entregou canhotos de cheques emitidos pela Santa Maria e que teriam sido entregues pessoalmente ao parlamentar, "a título de comissão". Luiz Antônio disse que o seu pai, Darci, entregara 50 mil reais "em mãos e em espécie" ao deputado no dia 31 de agosto de 2005, após um café da manhã no Hotel Meliá Brasília, no apartamento 601, de propriedade dos empresários. Ele acrescentou que o grupo Planam tinha um crédito de 150 mil reais com Capixaba, uma espécie de adiantamento pelos serviços prestados.

Luiz Antônio informou que conheceu Capixaba em 1999, apresentado pelo deputado Lino Rossi (PP-MT), o primeiro a se envolver com a organização. O empresário disse que a primeira ambulância vendida pela Santa Maria, para a prefeitura de Cacoal, em 1999, foi comprada com recursos extraordinários do Ministério da Saúde arranjados por Capixaba. Era justamente aquele veículo que encontramos em reforma, na garagem da prefeitura, dia 15 de dezembro de 2005. Pelo acordo feito com o grupo, o deputado receberia 10% do valor das emendas apresentadas para a compra de unidades móveis e equipamentos médicos. Esse acordo teria sido estendido a dezenas de deputados. Parte da propina foi entregue nos gabinetes da Câmara dentro de meias, uma forma de escapar dos serviços de raios X da Casa. O líder da quadrilha disse *que todas as licitações eram direcionadas, com conhecimento dos prefeitos.*

Na semana seguinte à prisão dos líderes da máfia das sanguessugas, o *Correio Braziliense* enviou o repórter Leonel Rocha a Rondônia para apurar mais informações nas prefeituras. Passei uma lista de contatos ao colega e fiquei fazendo apurações no Ministério da Saúde. O trabalho de Leonel rendeu bem mais. Ele provou que Capixaba monitorava as licitações feitas pelas prefeituras por intermédio de um de seus assessores. Em 2002, o prefeito de Alvorada D'Oeste, Paulino Ribeiro Rocha (PT), comprou uma ambulância financiada com recursos de emenda parlamentar. Celso Augusto Mariano, o Celsinho, principal assessor de Capixaba, foi nomeado procurador da empresa Santa Maria no dia 19 de junho de 2002 para acompanhar o processo licitatório aberto pelo município para comprar o veículo. A procuração, registrada na 2ª Circunscrição Imobiliária de Cuiabá era ampla. Ele podia até mesmo apresentar propostas nas concorrências e assinar qualquer documento que fosse necessário. Tratava-se da mesma cidade que visitamos em dezembro do ano anterior, num período em que muitos prefeitos tinham medo de falar.

Luiz Antônio informou ao Ministério Público que Capixaba havia alterado sua forma de financiamento de ambulâncias nos últimos anos. De 1999 a 2003, ele entregava os veículos diretamente aos municípios. A partir de 2004, optou por direcionar as verbas para a Associação Rural Canaã, que era controlada pelo seu irmão, Marcos Balbino, ou Marcos Capixaba. A associação fazia as licitações e entregava as unidades móveis em comodato às prefeituras, em solenidades organizadas e divulgadas pelo deputado. Em abril de 2006, uma semana antes das prisões, o *site* do parlamentar divulgou a entrega de sete ambulâncias equipadas com UTIs para municípios do estado, em um investimento de um milhão e seiscentos mil reais. Solicitei à ONG Contas Abertas uma pesquisa no Siafi — sistema informatizado que registra os gastos do governo federal. Gil Castelo Branco e Carlos Bremer identificaram quatro ordens bancárias emitidas para a Associação Canaã entre junho e agosto de 2005, no valor exato de um milhão e seiscentos mil reais. O maior empenho (reserva no orçamento) destinado a pagamentos para a Canaã, no valor de um milhão, duzentos e cinquenta mil reais, foi feito no dia 19 de dezembro de 2005. Por coincidência, um dia depois da primeira reportagem do *Correio Braziliense* sobre o caso, com a revelação do esquema de fraudes e da atuação da Canaã.

Outra fonte de informação importante após o estouro da Operação Sanguessuga foram os grampos feitos pela PF nos seis meses anteriores. Eles traziam provas contra vários deputados. Também evidenciavam que a organização criminosa acompanhara o trabalho de investigação do *Correio Braziliense*. No dia 26 de dezembro, um dia após a publicação da segunda reportagem, o serviço de escuta da polícia fez o seguinte resumo de uma longa conversa entre Capixaba e Luiz Antônio Vedoin. *Capixaba diz que tem gente por trás dessas matérias e que agora foi muito pior, pois estão detalhando as coisas. Diz que estão querendo chamar a atenção do MP. Acrescenta que quem está passando as informações é gente de dentro do Congresso.* O empresário perguntou se não teria jeito de falar com alguém sobre isso. Capixaba disse que estava "trabalhando nisso" e acrescentou: *Os caras estão indo longe demais.*

Em outro diálogo entre os dois comparsas, em 7 de janeiro, o deputado fez comentários sobre a reportagem publicada dia 18 de dezembro de 2005. Ele disse que não tinha medo e deu dicas de que o esquema envolveria gente de peso.

— Pra pegar eu num negócio desse tem que pegar os caras primeiro. Primeiro eles, depois eu. Quer dizer, até chegar em mim, já caiu o mundo! — exclamou o parlamentar.

Mas as declarações de maior repercussão foram gravadas no dia 23 de dezembro, entre a primeira e a segunda reportagem. Em uma conversa com Francisco Machado Filho, o Chico, assessor de Capixaba, Luiz Antônio pergunta acerca do jornalista do *Correio Braziliense* que estaria em Rondônia e faz uma proposta indecorosa. Passava um pouco das três e meia da tarde.

— E o jornalista, deu as caras ou não?

— Ele me falou que tava, que tava lá. Que ele tinha chegado lá em Rondônia, né?

— Procurou alguém, fez alguma coisa lá?

— Não, procurou ninguém não.

— Podia arrumar um jeito de mandar matar o cara lá. O que que cê acha? — propôs o chefe da quadrilha.

— Eu também acho que é uma boa — respondeu Chico.

— Que que cê acha? Vou falar pra um amigo meu aí, vou ver se ele tá por lá. Três em um lá. Vou ver se esse cara aguenta ficar dez minutos debaixo d'água. Hã? Que que cê acha? — completou o empresário.

— Num sei, uai!

— Será que ele aguenta?

— Eu acho que não aguenta não.

— Vou ver, 15 minutos. Vamos ver se ele consegue ficar 15 minutos debaixo d'água.

— Tá bom, então — finalizou Chico.

Ele se referia provavelmente à técnica de tortura denominada "submarino", em que a cabeça do prisioneiro é mergulhada em um tanque com água, até sair a confissão. Um dos relatórios da investigação classificou o diálogo como de *extrema relevância,* por revelar que os investigados estariam *dispostos a tudo para não terem seus interesses contrariados.* Apesar disso, eu não fora avisado daquele fato durante as investigações policiais. A revelação do conteúdo dos diálogos, feita em primeira mão pelo jornal *O Globo,* provocou reações de autoridades federais e de entidades civis com atuação na área de direitos humanos e liberdade de expressão. A então presidente do Supremo Tribunal Federal (STF), Ellen Grace, criticou o fato de a Polícia Federal não ter avisado o jornal nem o jornalista a respeito da existência daquela trama de execução. O então ministro da Justiça, Márcio Thomaz Bastos, determinou a abertura de um inquérito para que a Polícia

SANGUESSUGAS DO BRASIL

Federal investigasse se houvera falhas na condução do inquérito e se o repórter fora exposto a risco de morte. Prestei depoimento nesse novo inquérito como testemunha, mas jamais fui informado sobre o seu resultado.

A CPI das Sanguessugas apontou, em 2006, 72 parlamentares como envolvidos com a máfia das ambulâncias. Nas eleições gerais daquele ano, a grande maioria foi punida nas urnas. Apenas cinco dos suspeitos foram reeleitos. Capixaba não conseguiu a reeleição. Seu processo chegou a tramitar no Conselho de Ética, mas foi arquivado quando encerrou o seu mandato, em fevereiro de 2007. Assim como todos os que perderam o mandato, ele passou a responder processo na Justiça Federal. Passados cinco anos da Operação Sanguessuga, apenas os ex-deputados Cabo Júlio (PMDB-MG) e Múcio de Sá (PTB-RN) foram condenados em primeira instância, mas em ações civis. Em agosto de 2009, já eleito vereador de Belo Horizonte, Cabo Júlio foi condenado a devolver 143 mil reais aos cofres públicos e pagar multa de 429 mil reais. Ele confessou os crimes, num depoimento emocionado: *Permiti que a corrupção e o erro invadissem minha alma.* Em outubro de 2011, Múcio de Sá foi condenado a devolver 370 mil, além de pagar multa de 429 mil. Nenhum dos outros acusados havia sido julgado até janeiro de 2012.

Sem enfrentar qualquer tribunal, cinco ex-deputados que respondiam processo foram novamente eleitos em 2010. Eles circulam pelo Congresso, fazem discursos e aprovam leis como se nada tivesse acontecido. Capixaba foi o terceiro mais votado em Rondônia, com 52 mil votos. Os processos movidos na Justiça Federal contra Nilton Capixaba e Jorge Pinheiro (PRB-GO) já estão no Supremo Tribunal Federal, onde são julgados deputados federais. A ação penal contra Capixaba corre em segredo de Justiça. A Justiça Federal no Mato Grosso já declinou da competência para julgar Heleno Silva (PRB-SE), mas o processo ainda não havia chegado ao STF no início de 2012. No mesmo período, as ações penais contra Paulo Feijó (PR-RJ) e Josué Bengtson (PTB-PA) continuavam no Mato Grosso, em fase final. Em maio de 2011, Capixaba voltou a integrar a Comissão Mista de Orçamento. Ali foram apresentadas as emendas que injetaram recursos federais nos negócios da máfia das ambulâncias durante sete anos. O ciclo estava completo.

3.
BRASÍLIA NÃO
TEM BOBOS

Manhã fria de junho de 2006. Mas, o tempo estava quente em Brasília com as revelações sobre a máfia das sanguessugas. O telefone fixo tocou em minha mesa de trabalho. Atendi e se apresentava um leitor aparentemente interessado pelo tema que dominava os noticiários em todo o país. Dizia ser um prefeito de uma pequena cidade gaúcha. Ele cumprimentou o *Correio Braziliense* pelas reportagens publicadas, fez alguns comentários, mas logo mudou de assunto. Perguntou se eu teria interesse em investigar um escritório de *lobby* na capital. Um representante da firma havia oferecido os seus serviços à prefeitura. Os serviços de sempre: agilidade na liberação de recursos federais nos ministérios, montagem de licitações dirigidas, pagamento de propinas a servidores públicos. O informante acrescentou que várias prefeituras do estado haviam recebido a visita do lobista. A história parecia consistente, mas fiz logo a pergunta básica nesses casos:

— O senhor tem provas? Algum documento, alguma gravação?

O prefeito disse que tinha a cópia de um contrato entre a empresa In Consult, que faria a intermediação com os ministérios, e uma prefeitura gaúcha. Ele poderia mostrar esse documento por meio de um contato pessoal. O mais importante a nossa fonte tinha em mãos: uma cópia do contrato de prestação de serviços. Quase não acreditei no que ouvia. Muito se fala da ação desses escritórios, mas pouco se consegue provar. O sujeito tinha conseguido um contrato. Tratava-se de um caso de corrupção com recibo. Ele acrescentou que viria a Brasília na semana seguinte e propôs um encontro para mostrar o documento e dar mais detalhes do negócio proposto. Não quis deixar o número do telefone. Ligaria quando chegasse à cidade.

A semana passou lenta, apesar dos desdobramentos do caso sanguessugas. Até que chegou uma nova ligação do prefeito gaúcho. Fui chamado para uma reunião em um hotel do Setor Hoteleiro Norte. Propus que o encontro fosse no *hall* do hotel. Um procedimento padrão quando se trata de um primeiro contato com estranho. Locais públicos são mais seguros. E lá estava o prefeito, um sujeito bastante consciente e tranquilo. Contou que recebera a visita de um representante da empresa de *lobby* no seu município. Agora, estava em Brasília para acompanhar alguns projetos da prefeitura.

À minha frente, o prefeito abriu a sua pasta de couro e apresentou cópias reprográficas de documentos, propostas de trabalho, minutas de contrato. A descrição do objeto do contrato com a In Consult era clara: *Assessorar a contratante no acompanhamento de seus projetos nos ministérios de Brasília.* O custo dos serviços ficaria em 600 reais. O prefeito acrescentou outro dado importante sobre o lobista, que se chamava Ubiratan Cavalcanti. Ele teria se apresentado como "consultor" da Fundação Getúlio Vargas (FGV), uma entidade com bastante prestígio. A história ia crescendo, mas surgiu um primeiro e grande problema. Não havia assinatura no contrato, nem do prefeito, nem do lobista. A minha fonte explicou que aquilo seria apenas um formulário. Só haveria assinaturas se o contrato fosse fechado, o que jamais ocorreria no caso dele. Fiquei um pouco frustrado, não com a atitude do prefeito, que era louvável, mas com o fato de não termos a prova pretendida. Olhei para ele e lembrei, uma vez mais:

— Precisamos de uma prova, prefeito!

— O que podemos fazer? — perguntou ele.

Sabendo que ele ficaria alguns dias na cidade para correr atrás de verbas federais, prometi pensar em alguma estratégia. Mas, foi ele quem ligou propondo uma alternativa.

— A gravação de uma conversa com ele serviria como prova?

— Seria uma prova cabal. Você poderia ter um encontro com o consultor, sem levantar suspeitas?

— Claro, se for preciso. Venha ao hotel e a gente conversa — respondeu.

Lá chegando, fomos para uma área aberta do restaurante do hotel. Pedimos água e um suco. Expliquei logo que esse tipo de procedimento só é utilizado em casos excepcionais, quando não há alternativa. E devem ser seguidas certas regras. Em primeiro lugar, as provas obtidas são consideradas válidas desde que a gravação seja feita pelo próprio denunciante. Ele parecia tranquilo, mas falou de possíveis represálias se fosse identificado. Pediu que eu lhe desse orientações acerca do uso do gravador. Informei, então, como são os procedimentos nesses casos. Eu lhe entregaria um aparelho bem pequeno, de propriedade do jornal. Como era digital, poderia ficar o tempo todo dentro de um bolso. Ele entraria na sala com o gravador já ligado e escondido. Para dificultar a sua identificação, a reportagem seria publicada somente algumas semanas após a gravação. Lembrei que o sujeito deveria receber dezenas de prefeitos em um mês. Mais decidido, ele deu mais alguns detalhes sobre o escritório, localizado no Libertymoll, um *shopping* que fica no início da Asa Norte. Em seguida, fiz um alerta a respeito de seu comportamento no momento da possível conversa.

— O senhor não pode induzi-lo a nada, não pode propor nem perguntar se ele pode fazer algo que seja ilegal, como pagar propina.

Expliquei que tudo isso poderia levar a Justiça a entender que houve um "flagrante preparado".

— Peça apenas para ele apresentar os seus serviços e a sua forma de atuação. Faça perguntas genéricas e deixe que ele fale bastante. No final, diga que não concorda com os métodos apresentados e que não vai fechar o contrato. Isso é importante para preservá-lo.

O prefeito ficou de pensar por mais um ou dois dias. Para relaxar, fui tomar um café com ele na loja de conveniência do posto de gasolina mais próximo. Ele gostou muito do pão de queijo. Conversamos acerca do submundo de Brasília e contei detalhes da apuração no caso da máfia das ambulâncias. O prefeito se entusiasmou e acabou mantendo a proposta. Deixei o gravador no hotel e expliquei como funcionava. O aparelho era maior do que ele imaginava, mas fácil de manejar. Ele aprendeu rápido. Fizemos testes com o equipamento no bolso externo do casaco, no bolso interno e no bolso da calça. O som ficou melhor quando estava no bolso externo do terno. O processo foi rápido. Em alguns dias, ele ligou e me deu duas notícias, uma boa e outra ruim.

— A gravação está feita, mas o som não ficou bom — comentou.

Cheguei rapidamente ao hotel e tentei ouvir a conversa gravada. Mas tinha o barulho do ar-condicionado, que havia ficado ao seu lado. Não era possível identificar tudo o que o lobista falava.

Para maior desânimo, o prefeito contou que o sujeito entregara tudo, em detalhes. Só que ele não se lembrava de muita coisa, porque ficou nervoso na hora, preocupado pensando que pudesse ser desmascarado. Cheguei a propor um novo encontro com o lobista para fazer outra gravação, mas concordamos que seria muito arriscado. Parecia o fim de tudo. Lembrei, então, de outra investigação em que ocorrera o mesmo problema. Fui atrás da mesma solução. Era preciso procurar um estúdio para limpar a gravação, eliminando os ruídos. Fui para o jornal e tentei achar uma produtora que fizesse o serviço. Então, uma funcionária do apoio lembrou que havia um estúdio de ótima qualidade na rádio 105 FM (hoje Clube FM), que integra a rede dos *Diários Associados*. Corri para a rádio, procurei os profissionais indicados e mostrei a gravação. Um deles ouviu e decretou:

— Sem problemas, a gente limpa isso. Só que vai demorar.

Não demorou. No dia seguinte, recebi a gravação em CD. Coloquei para ouvir e fiquei inicialmente preocupado. Era possível ouvir apenas ruídos e passos de uma pessoa. Após alguns minutos, lembrei que ele havia entrado na sala com o gravador já funcionando. Era isso! Quando o computador marcou 2min e 30seg de gravação, alguém falou:

— Tudo bem?

Era possivelmente o secretário do lobista. Conversaram rapidamente e o prefeito foi encaminhado para a sala do empresário. No início, estava difícil entender o que eles falavam. Mas logo o som melhorou, apesar de não ter ficado completamente limpo. Quando o marcador de tempo deu 6min e 20seg, a voz do consultor saiu bem clara:

— Deixa eu te dizer como é que a fundação funciona.

Havia poucos ruídos, a não ser o som de um ar-condicionado ao fundo. Passei a ouvir o relato entre entusiasmado e enojado. As declarações chegavam a revoltar o estômago, mesmo para quem está acostumado a revirar o lixo da política. Era como se eu estivesse naquela sala ouvindo o lobista falar, sem rodeios, das propostas mais indecorosas possíveis. Ele falava calmamente, em tom professoral, como se estivesse dando uma aula de corrupção. Inicialmente, falou da suposta importância da "grife" FGV e dos contatos pessoais na hora de fechar um negócio:

— A Getúlio Vargas é uma boa grife, é uma instituição conhecida. Mas, quando chegamos a algum lugar, para fazer negócio, além de ter uma boa grife, tem de ter sempre um elo pessoal. Porque ninguém faz um negócio com um desconhecido, mesmo ele tendo uma boa grife. Você só está aqui porque alguém lá falou. O elo pessoal é fundamental. Aí, nós descobrimos que, se tivermos alguma pessoa no próprio estado, essa pessoa se encarrega de procurar as prefeituras. Nós temos muitas prefeituras no Rio Grande do Sul que vieram para nós porque temos essa pessoa, chamada Paulo.

Para deixar o consultor mais confiante, o prefeito interrompeu a narrativa e informou ter conhecido Paulo em uma reunião dos municípios da sua região. Em seguida, certamente procurando valorizar os seus serviços, fez um relato da infrutífera peregrinação de prefeitos por Brasília em busca de verbas federais:

— Mas o que nós achamos de prefeituras. Eu vim para trabalhar no governo e já estou há 18 anos em Brasília. Isso me fez aprender muito a respeito de Brasília e sobre os negócios dos prefeitos em Brasília. O objetivo único é correr atrás do dinheiro, que é centralizado, cada vez mais. O dinheiro todo fica com o governo federal e, politicamente, é distribuído. O governo federal obriga os prefeitos a virem a Brasília, todos de pires na mão. E eu via que os prefeitos vinham sem sucesso nenhum. Tem prefeito que tem 30 ou 40 projetos no governo federal, mas se ele conseguir o dinheiro de um, ele é um vencedor. O que o prefeito faz? Eles passam em média três dias em Brasília. Eles gastam uma manhã inteira na antessala de um deputado federal que é da região deles. Outro tanto na antessala de um senador. Outro tanto em um ministério, na antessala do ministro ou de um secretário nacional. Eles vêm com uma relação enorme de projetos. Eles entregam para o deputado deles, entregam para o senador, entregam ao ministério. Se eles soubessem que ninguém olha aquilo… por uma razão simples: vêm eles e outros 300. Eles não têm nem assessoria para examinar aquilo. Então, aquilo e nada é exatamente a mesma coisa. Essa é a lamentável realidade. A não ser que seja emenda parlamentar do próprio deputado, porque, aí, tem alguma chance.

A declaração feita a seguir, em tom quase filosófico, descreve uma realidade incontestável, mas revolta pela frieza.

— Então, o que falta para alguém ler o teu projeto, para ele ser aprovado e para você receber o dinheiro? Para mim, o que falta, fundamentalmente, é o acompanhamento em Brasília. Brasília não é um lugar de bobos. Ao contrário, é um lugar de gente muito esperta. Abriram-se inúmeros escritórios aqui que trabalham com prefeituras. Mas, esse pessoal não se compromete com o acompanhamento e a aprovação do teu projeto. Eles cobram uma taxa mensal, mas no máximo, vão lá e entregam o teu projeto e deixam Deus ajudar. Se você precisa de uma reunião com um secretário, eles marcam. Isso é a coisa mais fácil do mundo, isso é simples. Alguns até te esperam no aeroporto, andam de carro com você durante o dia, dão uma assistência pessoal, mas não institucional. Por isso que, de 30 processos, só sai um.

O prefeito segue o seu *script* à risca. Quase não se ouve a sua voz. Depois de fazer pequenas intervenções no início, para ganhar a confiança do interlocutor, ele apenas ouve, enquanto o lobista fala, fala, fala, sempre muito à vontade. Parecia ter um roteiro pronto. Certamente, repetia aquilo à exaustão para cada candidato a cliente. Sem ser questionado, o consultor fala do serviço que pretende prestar e, finalmente, do tal pagamento.

HISTÓRIA AGORA

— Então, a fundação se propõe a quê? A acompanhar o projeto até ele ser aprovado. E, aí, que tipo de trato nós fazemos com o senhor? Eu não cobro nenhuma taxa. A fundação cobra duas coisas. A primeira: 5% sobre o valor do projeto quando você recebe o dinheiro. Se eu não te arranjei dinheiro nenhum, você não precisa me pagar. É sobre o valor liberado. Por quê? Quando eu faço isso, eu me torno sócio da tua sorte. O teu sucesso é o meu sucesso. Se você tiver fracasso, eu tenho fracasso.

Mas não era apenas isso. Ubiratan ensina como burlar a lei para receber a sua comissão.

— Aí, o que nós fazemos? É ilegal você botar que vai me pagar 5% do projeto. O nosso contrato diz o seguinte: você vai me pagar 5% do valor, mas para eu supervisionar, coordenar, acompanhar a execução do seu projeto e, inclusive, prestar conta do seu projeto. Em geral, as prefeituras têm muita dificuldade em prestar contas.

Novamente sem ser questionado, o lobista mostra o caminho para a prefeitura escolher a empreiteira que vai ganhar determinado contrato. Ele fala como se estivesse fazendo uma palestra.

— Bom, mas isso vai tirar a mobilidade da prefeitura para ela fazer os acordos que ela, em geral, tem com fornecedores? Não vai não, porque eu não tenho nenhum interesse na tua cidade. Eu não conheço nem os fornecedores de lá. Eu vou ser um facilitador teu e fazer aquilo acontecer dentro da lei. Então, você vai construir alguma coisa. Tu quer a empreiteira tal, porque ela é local, ela ajuda vocês em campanha, qualquer que seja o motivo, não preciso saber, pode deixar que eu te garanto que aquela empreiteira... (inaudível). Vocês precisam de um trabalho de informática, precisam que seja a empresa tal, porque existem interesses de amizade de ser mão de obra local, deixe que nós montamos. Isso é até bom para a prefeitura, para ela não sujar as mãos nisso. É só você ter um interlocutor. E ele diz: *Para esse projeto, queremos que a empresa tal ganhe. Deixa com a gente que isso, nós, em 60 anos, já aprendemos a fazer* (o consultor interrompe a narrativa para rir do que ele mesmo falou, como se fosse engraçado). E fazemos de forma que a prestação de contas seja aprovada. Então, isso é que, na realidade, dá os 5%. Nós vamos trabalhar para você. Eu ganhei o direito de trabalhar e ganhar os 5%. Entendeu? Eu não ganhei o dinheiro ainda. Eu vou ganhar esse dinheiro ao longo da execução do seu projeto. Se você ganhar 300 mil reais em cinco vezes de 60 mil, eu vou ganhar esse percentual sobre os 60 mil. Quanto mais dinheiro eu mandar para uma prefeitura… e daqui a pouco eu tenho 30 prefeituras… Então, aqui é onde nós ganhamos dinheiro, porque nós abrimos um mercado de trabalho.

Mas faltava uma parte importante. Como seria assegurada a liberação dos recursos nos ministérios? Quais eram seus contatos? E, mais uma vez, os custos dessa rede de apoio. Ele foi entregando tudo sem ser perguntado.

— A segunda coisa que nós cobramos de início... É que, durante o período em que estou tratando do projeto, nós temos despesas de gasolina, de telefones, de agrados para essa máquina do governo que está do nosso lado. Não existe troca de dinheiro. Eu não pago a ninguém para aprovar o projeto. Aquela pessoa que está lá acaba sendo nossa amiga porque nós usamos o sistema de agrados. Entendeu? Funcionário do governo ganha pouco no Brasil inteiro. O cara, às vezes, saiu de casa e não tem leite para o filho, está com a escola do filho atrasada. E nós fazemos o socorro urgente. O cara precisa de 100 ou 200 reais. Nós damos. Amanhã, quando temos um projeto lá, ele me atende com toda a tranquilidade. Nessa troca com os dirigentes maiores, o cara quer fazer um MBA na Fundação Getúlio Vargas… É caro! Você arruma uma bolsa para ele, ou parcial ou total. Amanhã, tem um projeto assim, assim, ele vai retribuir. Aí, o que nós fazemos? Nós cobramos de início 200 reais por projeto. É só uma vez, não é por mês. Agora, quando você me dá uma relação de 30 projetos, uma das coisas que nós mais sabemos é onde tem o dinheiro. Eu digo logo: *Olha, esse desiste!* Você vai lá 500 vezes, vai gastar o teu tempo, mas não tem dinheiro para isso. Porque o ministério é para aquilo, mas cada ministro diz as linhas de interesse. Se você quiser dinheiro para fazer praça, sabe como vai conseguir? Porque ninguém está dando dinheiro para ajardinar praça. Agora, se você quer uma praça, cria um mote para ela: "Praça do Mel", onde vai ter uma exposição permanente de mel. A "Praça do Trabalhador". Entendeu como funciona? É você saber onde tem dinheiro e para quê.

O consultor também dá uma aula acerca das emendas parlamentares, que são geralmente utilizadas para financiar pequenas obras nos municípios. Elas são poderosas, mas o parlamentar tem de cumprir algumas exigências, avisa o lobista.

— Emenda tem o seguinte: emenda pode tudo. São desejos dos deputados. Emendas não têm restrições. Agora, para emenda parlamentar, você não precisa da gente. Você precisa do parlamentar, para ele negociar a liberação da emenda em uma dessas votações malucas que têm no Congresso. Isso é um trato da prefeitura com o parlamentar. Eu estaria te enganando se eu dissesse: me dá as tuas emendas parlamentares que eu vou ver. Eu ver ou vocês virem, por telefone, com o gabinete dele, é a mesma coisa. Porque, se ele não votar com o governo, eu não vou tirar o dinheiro deles nunca, porque não sou eu quem tira, é ele que tira o dinheiro deles, na hora que faz um acordo parlamentar. Da tua cidade, tu liga para o gabinete dele e acompanha. Manda o prefeito dar em cima dele, porque esse jogo é que vai ganhando o parlamentar. Aí, na hora que ele vai votar com o governo, ele negocia a liberação de uma determinada quantidade de dinheiro, que ele distribui entre as emendas que são prioridades dele.

O relato era esclarecedor, autoexplicativo. Além de revelar detalhes da atuação dos lobistas e de servidores corruptos, apresentava uma análise bem realista sobre as emendas parlamentares e as negociatas fisiológicas no Congresso. Mas, ainda assim era preciso encontrar o consultor. Fui até o endereço do escritório no *shopping*, indicado pelo prefeito. A sala estava fechada. Procurei informações da administração, mas não recebi ajuda. Já era sexta-feira, e a matéria estava programada para o domingo. Era preciso correr. Achei que o sujeito não era funcionário da FGV, uma entidade séria, mas procurei a fundação, em uma última tentativa. Telefonei para a FGV Projetos, no Rio de Janeiro. Pedi o número do telefone do consultor professor Ubiratan (como ele se apresentava). Depois de rodar um pouco, a ligação caiu na mesa da secretária do então diretor da FGV Francisco Torres. Ela forneceu o número do telefone do consultor e tentou explicar o que ele fazia na fundação.

— Ele fica em Brasília, ele é consultor. Mas, foi algum projeto que ele trabalhou, ele não é funcionário.

Algumas horas depois, a FGV enviou uma nota curta ao *Correio Braziliense*: *A Fundação Getúlio Vargas nega ter vínculo formal com o consultor Ubiratan Cavalcanti e garante que vai apurar a denúncia.*

Eu já tinha o nome completo e o telefone daquele estranho personagem. Fiz uma chamada e atendeu o filho do consultor, de nome Marcelo. Informei que havia uma denúncia contra Ubiratan e pedi que ele retornasse. A resposta chegou a tempo da publicação da matéria. O consultor afirmou que não tinha vínculo formal com a FGV, mas disse que encaminhava projetos para a fundação.

— Saí da fundação quando vim para Brasília, em 1985. Eventualmente, quando arrumo uma consultoria, encaminho à fundação, até pela minha origem. Eu fui aluno lá, fui professor.

Informei que o número do seu telefone havia sido fornecido pela FGV.

— É lógico. Sou amigo de todo mundo até hoje na fundação.

Acrescentei que o seu nome consta no cadastro de consultores.

— Exatamente, mas é lógico. Eventualmente, indico um projeto. Mas não sou funcionário, não falo pela FGV.

Perguntei se os contratos com as prefeituras seriam fechados com a fundação ou com o seu escritório de consultoria. Ele começou a contar uma nova versão sobre como funcionava o negócio.

— Se nós fecharmos o contrato de 5% para administrar o projeto, é feito direto com a fundação. Mandamos para o Rio, e quem executa o contrato não sou eu. Encaminha-se para a consultoria jurídica da fundação opinar se aquilo é legal e se interessa. Porque a maior parte não é viável financeiramente, porque os projetos das prefeituras variam de 50 mil a 100 mil reais. Então, é difícil fazer a administração de um projeto por 2 mil e quinhentos reais. Você vai passar um ano para receber isso.

Questionado acerca da empresa de consultoria In Consult, tentou explicar.

— É uma empresa de um amigo meu, mas não tem nem cinco meses de vida. Ainda não teve tempo de prestar consultorias. Não tem nenhum contrato assinado.

Mas ele reafirmou que tudo passaria pela FGV.

— Não se trata de nada particular. Se uma empresa dessas tivesse feito o contato com um prefeito, a fundação mandaria um técnico lá para levantar as condições da prefeitura, se aquilo é um projeto interessante. Isso pode dar um contrato ou não. Uma negociação desse porte demora de três a seis meses.

O consultor apresentou explicações contraditórias sobre a cobrança da taxa de 5%.

— A fundação não pode cobrar por liberações de coisa nenhuma, porque isso é irregular. A fundação não trabalha com

SANGUESSUGAS DO BRASIL

nenhuma taxa por liberação de recurso. O que eu disse é que os prefeitos têm dificuldades no gerenciamento dos projetos e nas prestações de contas. E a fundação cobraria 5% para fazer isso. Isso é perfeitamente legal. Não é uma cobrança para liberar, porque ninguém pode garantir a liberação de recursos. Nós cobramos, é lógico. Se eu vou administrar um negócio para alguém, tenho de receber para fazer isso.

Ubiratan disse que, até aquele momento, não tinha fechado contrato com qualquer prefeitura. Jamais fui informado do resultado da apuração prometida pela FGV. Nenhum órgão público se manifestou sobre a denúncia do prefeito. E Brasília continua cheia de escritórios de lobistas, nem todos desonestos, é verdade. A próxima batalha da categoria será aprovar um projeto de lei para regulamentar o *lobby*. Eles vão circular pelo Congresso com carteirinha de lobista. Pelo menos, estarão identificados.

Prefeito de Ribamar
Fiquene, Hilter Alves

4.
CABRA MARCADO PARA MORRER

Certas histórias a gente procura, outras nos escolhem. Aquela não era para ser minha. Chegou pelas mãos do colega Gustavo Krieger, trazida por um deputado do Maranhão. Mas, ele não teria tempo para analisar o material enviado. Havia recebido do jornal a missão de acompanhar a candidatura de Lula à reeleição. Era julho de 2006. Krieger fez um resumo do caso e depois colocou uma pilha de documentos em minha mesa, com um pedido:

— Dá uma olhada. A história parece boa, mas é preciso ver essa papelada.

Em resumo, um grupo de três empresas de porte médio dominava a execução de obras de infraestrutua e abastecimento de água em pequenos municípios próximos a Imperatriz, na região do Bico do Papagaio. Havia indícios de fraudes e conluio nas licitações. E o detalhe mais interessante: a grande maioria das obras era financiada com emendas ao Orçamento da União apresentadas por um único deputado, Sebastião

Madeira (PSDB-MA), ex-prefeito de Imperatriz. Li toda a papelada e constatei que a documentação era consistente. O registro das obras no Crea/Imperatriz (Conselho Regional de Engenharia e Arquitetura) confirmava que as tais empresas dominavam o mercado na região. A principal delas, a RV Alencar, era de propriedade de Roberto Alencar. As outras estariam em nome de parentes. Informei ao colega que o caso era bom e propus que tocássemos juntos, mas ele disse que não teria tempo. Pedi, então, para ele marcar uma conversa com o deputado na semana seguinte.

O parlamentar era meio esquisito, bastante desbocado, e estava animado. Já fazia previsões sobre a repercussão da matéria.

— Não teve a CPI do Mensalão, a das Sanguessugas? Pois esta vai ser a CPI da Bosta. Os caras estão desviando dinheiro de cagador.

Ele se referia a *kits* sanitários instalados em habitações populares. Informou que a denúncia fora feita à CPI das Sanguessugas e à Comissão de Fiscalização e Controle da Câmara pelo engenheiro José Henrique Paiva, ex-inspetor-chefe do Crea de Imperatriz e ex-vice-presidente do Sindicato da Indústria da Construção Civil do Sul do Maranhão. Toda a documentação do caso havia sido levantada por Paiva. Ele declarou nas comissões do Congresso que havia comentários da região sobre fortes indícios de superfaturamento das obras, direcionamento nas licitações e descumprimento dos padrões técnicos exigidos. Nenhum jornal, revista ou televisão dera importância aos fatos. Perguntei ao deputado se o engenheiro daria uma entrevista ao jornal.

— Ele vai te receber lá e dar toda a informação necessária. Se precisar, consegue outros documentos — afirmou o parlamentar.

Parti para São Luís em uma segunda-feira, dia 21 de agosto. Antes de seguir para Imperatriz, colheria dados para uma reportagem sobre a campanha eleitoral no estado. Roseana Sarney liderava as principais pesquisas e teria chances de vencer já no primeiro turno. Naquele dia, estive na redação do jornal *O Imparcial*, que integra os *Diários Associados*, e acertei detalhes da viagem. O repórter fotográfico Carlos Geromi foi destacado para me acompanhar. Depois, fiz contato com os comitês eleitorais dos candidatos e recebi vários dossiês. Percebi que os outros três candidatos estavam fechados contra Roseana, tentando forçar o segundo turno. Conseguiram e ainda acabaram elegendo Jackson Lago (PDT) governador. Juntei tudo e segui para Imperatriz no dia seguinte bem cedo. Os hotéis da cidade estavam cheios por causa de uma convenção. Conseguimos vaga em uma pousada bastante simples no centro. O quarto era pequeno, não tinha frigobar nem ar-condicionado, e o calor era intenso. Um ventilador barulhento refrescava um pouco o ambiente. Largamos as malas e corremos para a Junta Comercial de Imperatriz. A coleta de informações poderia demorar. Apresentei o nome das três empresas e solicitei uma certidão completa, com o nome dos sócios proprietários. Além da RV Alencar, havia a Conol e a Porto Belo. Rumamos logo para o apartamento de Paiva, que nos aguardava. O imóvel tinha um ar sombrio, com mobília de madeira escura. A sala era pouco iluminada, com sofás também de cores escuras. Ele apareceu e nos convidou para tomar café. Na padaria da esquina.

Pedi um sanduíche e suco de laranja. Ele fez uma refeição mais reforçada. E ele foi contando a sua história. Era construtor, mas fazia tempo que não conseguia nenhuma obra.

— Formaram um cartel aqui no sul do estado. Só entra quem está no esquema. Denunciei tudo em Brasília, mas não aconteceu nada. O deputado Madeira ameaçou me processar, fez acusações contra mim, mas eu não tenho medo.

Perguntei se ele não estaria correndo perigo. Afinal, a região tem fama de ser violenta, e frequentada por matadores de aluguel.

— O senhor não pediu proteção policial? — questionei.

— Pediram proteção quando estive na Câmara. Mas a Polícia Federal alegou que somente autoridades podem ter escolta policial. Ofereceram-me para entrar no programa de proteção a testemunhas, mas isso não me interessa.

— Por quê?

— Eu sou engenheiro, professor universitário. Construí a minha vida aqui. Eu teria de abandonar a universidade, a família, os amigos, mudar o meu nome, viver em outro lugar, sem contato com ninguém. Eu já tenho 54 anos. Isso não serve pra mim — argumentou.

— Mas o senhor não teme pela sua vida?

— Eu estou marcado para morrer, eu sei disso. Mas vou fazer o quê?

Pedi para fazer algumas fotos dele na padaria e na rua. Ele disse que não gostaria de ter fotos dele no jornal. Argumentei que seria para o nosso arquivo. Ele autorizou. Imaginei que as fotos pudessem ser úteis no futuro.

O engenheiro confirmou os dados que eu já havia recebido e apresentou algumas novidades. Nos documentos do Crea estava claro que algumas das obras eram executadas por uma das empresas do grupo Alencar. Outra empresa do grupo havia feito o projeto, e uma terceira fiscalizava a execução. Decidi partir, então, para o trabalho de campo, começando pelas cidades mais ao sul. Eu seguia roteiro traçado a partir das obras registradas no Crea. Fomos direto para Governador Edison Lobão, distante 40 quilômetros, pela BR-010, atrás das obras de sistemas de abastecimento de água na cidade e em vilarejos da zona rural. Antes de chegar à prefeitura, perguntamos a moradores acerca das obras e fomos orientados a retornar 10 quilômetros até um povoado às margens da BR. Ali, havia o esqueleto de uma enorme caixa-d'água. Ainda estavam montadas as estacas das vigas de concreto. Os moradores disseram que a construção estava parada havia quase um ano. Na

SANGUESSUGAS DO BRASIL

prefeitura recomendaram que procurássemos o assessor Raimundo Morais, vereador do município. Ele nos recebeu em sua casa, na periferia. Disse que a Funasa (Fundação Nacional de Saúde) já havia pedido a prestação de contas das obras, mas não tinham sido encontrados os registros na prefeitura.

— Quando chegamos aqui (na prefeitura), não havia nada. Então, houve a inadimplência do município. Nesta gestão, não recebemos verbas do estado nem do governo federal.

Como o prefeito não estava na cidade, retornamos a Imperatriz para almoçar. Aproveitei e peguei o resultado da busca na Junta Comercial. Como proprietário da RV Alencar apareceu Roberto Alencar. O dono da Conol era o seu pai, Francisco das Chagas Alencar, subsecretário de Infraestrutura de Imperatriz. A Porto Belo tinha dois sócios: Roberto Alencar e a sua mulher, Ana Cláudia Silva. Os donos confirmavam as informações do engenheiro Paiva. Os registros do Crea mostravam que Francisco fiscalizara obras tocadas pelo filho. Tocamos novamente para Governador Edison Lobão, mas nada do prefeito. Seguimos até Ribamar Fiquene, 40 quilômetros adiante. O engenheiro havia nos recomendado que tivéssemos cautela com o prefeito, Hilter Alves Costa (PFL), o Ita Alves, conhecido na região como um homem violento. Em 2000, teria ocorrido um fracionamento de projetos no município, possivelmente para fugir da licitação. O Crea registrou, no mesmo dia, duas obras com números sequenciais no município. Uma pela RV Alencar, no valor de 65 mil reais; e a outra pela Conol, no valor de 62 mil. A partir de 80 mil reais, teria de haver licitação. Com os valores praticados, bastaram cartas-convites, que permitem o direcionamento da concorrência. Dois anos mais tarde, o empresário Roberto Alencar foi contratado pela prefeitura para fazer projetos de engenharia.

Hilter nos recebeu em seu gabinete, enfeitado com fotos de Roseana e Lula. Questionei se não teria havido direcionamento na escolha das empreiteiras no município. Ele falou com uma franqueza rara naquela região.

— Tenho de convidar alguém e convido quem eu conheço. Eu me reservo ao direito de escolher os sérios. Desde que me permitam fazer, eu direciono. Se me mandarem mais obras, vou continuar convidando ele (Roberto). Nessa área, ele é imbatível.

Questionado sobre o fracionamento dos projetos entre a RV Alencar e a Conol, desconversou:

— Isso eu já não sei. É questão da prefeitura.

Mas confirmou a contratação de Roberto pela prefeitura.

— Ele foi contratado como engenheiro de projetos.

O prefeito afirmou que não tinha ligações políticas com Madeira.

— Nunca votei nele. Ele não pertence ao meu grupo. Mas o único deputado que traz recursos para a região é ele.

Fotografamos algumas obras de caixas-d'água, *kits* sanitários, e entrevistamos moradores na periferia. Todos pareciam satisfeitos com a qualidade das construções. Pegamos a estrada de volta e passamos em Edison Lobão. Fomos até a prefeitura, mas o prefeito continuava sumido. Fomos encaminhados para o presidente da Câmara Municipal, Chico Lima, em um prédio ao lado. Ele nos recebeu em seguida e falou das contas da prefeitura. Disse que estavam aprovadas as contas até 1999. A partir de 2000, estariam no TCE (Tribunal de Contas do Estado), aguardando análise. Sobre as obras no município, comentou:

— Aqui é sempre a mesma empresa, a RV Alencar.

Conseguimos falar também com Nei Bandeira, ex-prefeito da cidade. Ele explicou como era dada "ampla divulgação" às licitações.

— Publicamos editais nas portarias da Câmara e da prefeitura, com a modalidade e o valor da obra. As firmas mais próximas se habilitam. Ele (Roberto Alencar) chega à cidade, se habilita e faz a obra.

Ele afirmou que Madeira nunca pedira propina.

— Ele nunca pediu nada de vantagem. Mas todos têm gratidão, porque ele olha para as carências desses municípios.

Já noite fechada, partimos de volta para Imperatriz, onde dormimos. Na quarta-feira saímos cedo para João Lisboa, distante cerca de 22 quilômetros no sentido leste. A cidade havia recebido sistemas de abastecimento de água e pavimentação de ruas, essas tocadas pela Porto Belo. Mas não havia registros das construções na prefeitura. Fomos recebidos pelo chefe de gabinete, Ivalildo Oliveira, que relatou o caos encontrado pela gestão do prefeito Francisco Menezes (PDT).

— Não encontramos nada. Os caras (administração anterior) não deixaram informação nenhuma. Para não comprometer, eles queimaram mesmo. Não encontramos documentos nem na Câmara. Havia denúncias de superfaturamento, mas não pudemos comprovar nada.

Ele mostrou uma notificação do Ministério do Planejamento cobrando um débito de 22 mil reais, relativo à construção de um poço artesiano em 1989. Tentamos mais informações da Câmara Municipal. Vereadores e servidores comemoravam um aniversário com salgadinhos engordurados e refrigerantes de litro. O presidente da Casa, Adão Portugal (PP), disse que as prestações de contas da administração anterior estavam "todas no TCE". E revelou um dado assustador:

— A última prestação de contas aprovada foi a de 1993.

Na sequência da viagem, encontraríamos o ex-prefeito Francisco Holanda (PTB) em Itinga, 137 quilômetros ao norte. Ele trabalhava como médico do município. Afirmou que enviara as suas contas ao TCE, que seria o responsável pelo atraso.

— Têm contas de 1994 que não chegaram de volta do tribunal.

Cerca de 18 quilômetros adiante de João Lisboa, chegamos a Senador La Roque. O prefeito do município, João de Oliveira Alencar (PFL), disse que havia problemas no município, mas

Placa indica canteiro de obras da empresa Gautama, envolvida no esquema de fraudes em obras investigado pela Operação Navalha

Governador de Alagoas, Teotônio Vilela Filho, após prestar depoimento à ministra Eliana Calmon, no STJ, sobre a Operação Navalha, da Polícia Federal

não sabia os detalhes. Ele se ofereceu para nos acompanhar até Imperatriz, onde o contador da prefeitura teria informações a respeito das contas da gestão anterior.

— Levaram tudo. Entramos com ação na Justiça contra o ex-prefeito, João Salomão (PMDB), e tivemos de entrar com pedido de busca e apreensão — disse o prefeito.

Em Imperatriz, o contador relatou que não haviam sido entregues as prestações de contas a partir de 2002. A empresa do contador também prestava serviços a outras prefeituras. Ele contou que a de Buritirana estava inadimplente porque não teria realizado uma obra de abastecimento de água, apesar de ter recebido 100 mil reais para esse projeto. Fizemos meia-volta mais uma vez e tocamos para Buritirana. Mais 75 quilômetros de estrada. A casa do prefeito José Willian (PMDB), o Mundico, estava cheia de correligionários. Eram os preparativos para as eleições daquele ano. O prefeito nos levou para um quarto e explicou a situação.

— Quando assumi, não tinha nada, nenhum documento. O TCU está realizando uma tomada de contas especial do município. Entrei na Justiça contra o meu antecessor, o Antônio do Leque (PFL).

Mundico contou que o ex-prefeito terminara a obra com outros recursos. Visitamos a construção na periferia. Uma placa informava o nome da construtora: Porto Belo.

Retomamos a viagem para Amarante do Maranhão, distante 40 quilômetros, ao lado da reserva indígena Araribóia. Custamos a encontrar o prefeito Miguel Marcone, que estava fazendo visitas na periferia. Ele não relatou novidade alguma.

— Não tem nada na prefeitura. Não há prestação de contas de 1997 a 2004.

Ele informou que o ex-prefeito Ribamar Azevedo havia sido citado pelo Ministério Público Estadual porque deixara o município ficar inadimplente por falta de prestação de contas. A empresa responsável pelas obras no município: Porto Belo. Já anoitecia e precisávamos andar muito. A próxima parada seria Itinga, ao norte de Imperatriz, distante 240 quilômetros de Amarante do Maranhão. No caminho de volta, paramos em Buritirana para tomar um café. Sentei um pouco na pracinha central e fiquei sentindo o clima da cidade sertaneja. Ao anoitecer, a temperatura fica muito agradável nesses lugares castigados pelo sol. Depois, tocamos direto ao nosso destino. O trecho ao norte era péssimo, com numerosos e enormes buracos que chegavam a atravessar a pista. Era preciso parar, engatar uma primeira e arrancar de novo. Isso quando conseguíamos avistá-los. Para completar, caiu um toró fortíssimo. Já perto de Açailândia, recebi um telefonema de um assessor do deputado Madeira. O deputado queria falar comigo antes de a matéria ser publicada. Ficamos de marcar uma entrevista no dia seguinte. Quando chegamos a Açailândia, ainda faltavam 60 quilômetros para o destino final, mas já eram 11 horas da noite. Cansados, com muito sono e temendo ficar em um daqueles buracos, decidimos dormir por ali mesmo. Fizemos um lanche na rodoviária e fomos para um hotelzinho simpático. Acordamos cedo e partimos para Itinga, onde eu esperava encontrar Francisco Holanda, ex-prefeito de João Lisboa. Fomos até a prefeitura, onde descobrimos que ele trabalhava em um hospital na periferia. O ex-prefeito responsabilizou o TCE pelos atrasos na aprovação das suas contas.

Seguimos logo para uma pequena cidade que ficava exatamente na ponta do Bico do Papagaio, no encontro dos rios Tocantins e Araguaia. Andamos mais 167 quilômetros. Naquela cidadezinha bastante pobre foram instalados muitos *kits* sanitários pela RV Alencar. As construções foram fiscalizadas pela empresa do pai, Francisco Alencar, dono da Conol. A moradora

SANGUESSUGAS DO BRASIL

Maria José Rodrigues, com meia dúzia de filhos, gostou do banheiro novo, mas tinha uma reclamação:

— Não ajuda muito, porque não tem água. Tem um dia e falta quatro.

Almoçamos um prato feito no melhor restaurante da cidade e retornamos a Imperatriz, onde eu tentaria ouvir os empresários. Depois de muita procura pela cidade, consegui entrevistar Roberto Alencar. Ele negou que tivesse havido direcionamento nas licitações em favor de suas empresas assim como pagamento de propinas a prefeitos e deputados.

— Não tenho compromisso com ninguém, nem com prefeitos. Nunca fiz doações a deputados. Se eu der, vou morrer de fome, porque a margem de lucro é de 10%, 12% — argumentou.

O empresário procurou inocentar Madeira.

— Nunca ouvi um prefeito dizer que deu propina ao deputado. Muitos são adversários políticos dele.

Alencar fez ainda um comentário curioso:

— Há três semanas, disseram que você viria aqui fazer uma investigação. Pode fazer, mas só olham o meu? Tem muita coisa que não foi feita por outras empresas em qualquer dessas cidades. Há um grande desvio de dinheiro no país. Eu nunca deixei de executar nada.

Ele tentou explicar como conseguia tantas obras. Disse que montou uma equipe para procurar obras e licitações nos diários oficiais e nos *sites* dos ministérios. Em janeiro de cada ano, ele prepara a documentação da sua empresa e faz o cadastramento nas 22 prefeituras da região. Depois, é só colher.

— A lei diz que as prefeituras deverão convidar as empresas cadastradas. E sempre têm chegado os convites.

Consegui falar com Madeira já em São Luís. O encontro foi em um hotel. Com um ar de preocupação, um pouco tenso, ele começou com uma estratégia comum nesses casos. Atribuiu a autoria da denúncia ao suplente de deputado federal Francisco Escórcio (PMDB-AL), o Chiquinho Escórcio, um político trapalhão e extremamente fiel ao senador José Sarney (PMDB-AP).

— Ele foi colocado no mandato (de deputado) para me enfrentar. Outro dia, tentou me agredir em um corredor da Câmara. É um escroque.

Também fez acusações pesadas contra o engenheiro que fez a denúncia.

— O José Henrique me pediu 5 mil reais para não publicar uma denúncia contra mim. Ele é um vigarista, um chantagista. Foi afastado do Crea por isso. Ele queria ganhar algumas obras.

O deputado negou que tivesse recebido qualquer ajuda financeira em troca de suas emendas.

— Nunca pedi a um prefeito para entregar a obra a essa ou àquela empresa. O meu benefício é político.

Ele disse que faz sempre um acordo com os prefeitos.

— Eu proponho: não fico com nenhum real, nem você, mas você divulga que eu fiz a obra. Quero apenas que você me permita que eu visite a obra.

Em um discurso afinado, empresário e deputado contaram como teria sido o primeiro encontro que tiveram, em 1998.

— Ele perguntou se poderia procurar os prefeitos para fazer as obras. Falei: *Não tem problema*. Pelo menos 15 empresários me procuram. Só tenho uma exigência, que a obra seja bem feita — relatou Madeira.

Alencar disse que se lembrava do encontro. Ele comentou:

— Você sabe como funciona. Adianta ir atrás da coisa se o deputado já indicou "a" ou "b"? Perguntei a ele: *Deputado, o senhor tem compromisso com outra pessoa?* Ele falou que não e acrescentou: *Eu só peço que executem a obra.*

Informado acerca da acusação de chantagem, Paiva apresentou documentos comprovando que não havia processo algum em andamento contra ele, além de uma carta do Crea elogiando a sua conduta à frente do órgão. Peguei um avião na quinta-feira à noite para São Luís. Na manhã seguinte, fui até o TCE. O presidente do tribunal, Edmar Cotrin, reforçou a ideia que eu havia formado sobre aquelas pequenas prefeituras. Disse que o trabalho da corte sobre prestação de contas estaria em dia, mas haveria um problema.

— A grande maioria dos prefeitos não mandou as prestações de contas para as câmaras municipais. E há vários casos de fraudes nos recibos de entrega de documentos.

Ele contou que muitos prefeitos falsificam assinaturas de vereadores para tentar provar que apresentaram suas contas à Câmara.

— Há casos de falsidade ideológica na apresentação desses recibos.

Depois da entrevista, aproveitei para checar a situação das prefeituras que havia visitado. As contas de Buritirana de 2001 a 2003 haviam sido rejeitadas pelo tribunal. O ex-prefeito Antônio do Leque fora multado em 21 mil reais, o equivalente a 30% dos seus vencimentos anuais. O ex-prefeito Francisco Holanda, de João Lisboa, teve as contas de 2001 e 2002 reprovadas por unanimidade e recebeu multa no mesmo valor. As contas de Amarante do Maranhão relativas a 2001 também foram rejeitadas. O ex-prefeito José Ribamar Azevedo fora multado em 24 mil reais.

Publicamos a matéria no dia 28 de agosto, com o título *Descontrole público*. Mostramos que um grupo de três empresas familiares dominava o mercado de obras de saneamento e abastecimento de água em pequenas cidades do Bico do Papagaio. Eram *kits* sanitários, poços artesianos e reservatórios de água. As licitações eram pouco transparentes, com os editais pregados nas portas das prefeituras e câmaras municipais. Mostramos que, em várias cidades, a ineficiência e a morosidade na fiscalização dos gastos públicos resultavam em desvio de recursos públicos, falsificações de documentos em prestações de contas e abandono de obras pela metade.

HISTÓRIA AGORA

O caso não teve repercussão no Congresso nem nos órgãos de controle. Parecia ter morrido ali mesmo.

Quase cinco meses mais tarde, em 22 de janeiro de 2007, cheguei cedo à redação do *Correio Braziliense* e recebi uma notícia terrível. No dia anterior, o engenheiro José Henrique Paiva havia caído em uma emboscada e fora morto com várias facadas e pauladas, nas proximidades da BR-010, em Imperatriz. Os matadores deixaram no local os pertences da vítima, como bolsa, cordão de ouro e carteira com cartões de crédito, talão de cheque e documentos. Os bandidos levaram apenas o celular e a caminhonete S-10 marrom de Paiva — a mesma que ele usara para nos transportar em Imperatriz. Não havia dúvidas: o engenheiro havia sido executado. Estava confirmada a premonição que ele fizera em 22 de agosto do ano anterior, em uma padaria de Imperatriz, enquanto comia pão de queijo e relatava os indícios de fraudes em obras públicas.

O primeiro sentimento que me ocorreu foi de culpa. Nessas horas a gente reflete sobre as consequências do nosso trabalho, que oferece risco a nós próprios e a quem se envolve nas denúncias. Mas, depois lembrei que a iniciativa havia partido dele, um homem de muita coragem. Ele havia relatado as denúncias ao Congresso Nacional, sem receber qualquer proteção policial. Pelas nossas leis, somente as autoridades merecem essa proteção. A caminhonete marrom foi encontrada dois dias após, em Boa Vista do Gurupi, próximo à divisa com o Pará. Fizemos uma reportagem relatando o assassinato e as investigações em andamento, publicando uma foto de Paiva no momento em que falava dos riscos que corria. O assassinato jamais foi elucidado. O deputado Madeira disse que lamentava o ocorrido, apesar de ser um ferrenho adversário seu. Ele seria novamente eleito prefeito de Imperatriz em 2008.

Mas não foi a única execução na região naquele ano. Em 16 de julho, o prefeito de Ribamar Fiquene, Hilter Alves Costa, aquele

SANGUESSUGAS DO BRASIL

que abrira o verbo para contar que direcionava licitações, estava em um bar da cidade, por volta das 19 e 30, quando chegaram dois homens em uma motocicleta vermelha. Um deles desceu do veículo e fez oito disparos contra Ita Alves. Os matadores fugiram em seguida, em alta velocidade, aproveitando-se da confusão formada no local. O prefeito foi socorrido e levado para Imperatriz, mas morreu a caminho. O caso até hoje não foi elucidado. Coisas do Bico do Papagaio, um lugar onde é perigoso abrir a boca.

Policiais federais conduzem ao camburão Dimas Soares de Veras (d), irmão de Zuleido Veras, e Tereza Freire Lima (c), presos durante a Operação Navalha, para levá-los ao STJ para prestarem depoimento

5.

NO FIO DA NAVALHA

Era setembro de 2006, Semana da Pátria. Secretamente, porém, conspirações nada patrióticas corriam pelos quatro cantos do país. O roteiro de sempre: obras públicas, fraudes em licitações, pagamento de propina. O escândalo mais recente do gênero ainda estava quente. Fazia quase um mês que a CPI das Sanguessugas apontara 72 parlamentares como integrantes ou colaboradores da máfia das ambulâncias. O assunto ainda enchia as páginas dos jornais, mas era preciso achar algo novo. E não foi preciso procurar. Chegou espontaneamente pelas mãos de um lobista que atuava no Congresso. A informação parecia tão fantástica quanto improvável. Mas, é preciso checar sempre esse chumbo trocado entre empreiteiras. Uma construtora de pouco destaque, a Gautama, havia conseguido 70 milhões de reais para um de seus projetos por intermédio de uma medida provisória baixada pelo então presidente, Luiz Inácio Lula da Silva. Dinheiro certo, carimbado, garantiu-me a fonte. Era o ponto de partida de uma investigação que contou com a colaboração de informantes e, principalmente, de um trabalhoso cruzamento de dados oficiais. Imaginei logo que alguém com muito cacife político teria colocado aquela tartaruga na árvore.

Pedi para a fonte conseguir o número da medida provisória. Era a MP 270, de 15 de dezembro de 2005. Fiz buscas no *site* do Palácio do Planalto e logo a encontrei. A medida provisória abria crédito extraordinário de 825 milhões de reais para a Câmara, o Senado, a Presidência da República e alguns ministérios. Era mais um "Jumbão" de fim de ano, um daqueles remanejamentos de verbas orçamentárias. O texto da MP era curto, enxuto, mas nada de aparecer o negócio suspeito. Comecei a examinar os seus anexos. Entre recursos para reforçar a folha de salários da Câmara, pagar dívidas da Receita Federal e cobrir despesas com inativos, lá estava uma única obra, tocada pelo Ministério da Integração Nacional. O governo abria crédito extraordinário de 70 milhões de reais para o sistema de abastecimento de água do rio Pratagy, em Alagoas. Mas, não havia registro de nenhuma conexão com a Gautama.

Fiz algumas pesquisas na internet buscando informações sobre o empreendimento e seus padrinhos. O projeto visava dobrar a oferta de água potável à população de Maceió, que se abastecia basicamente de poços artesianos, muitos deles já salinizados. Iniciada em 1984, a construção sofrera uma paralisação, mas que teria sido retomada 14 anos mais tarde e seguia em ritmo lento. Mais uma daquelas obras inacabadas. Jornais de Alagoas relatavam a mobilização do então presidente do Senado, Renan Calheiros (PMDB-AL), pela liberação de recursos para o projeto do rio Pratagy, o que parecia algo natural.

Em dezembro do ano anterior, o jornal *Gazeta de Alagoas* havia registrado: *Renan recebe de Palocci (então ministro da Fazenda) a informação do empenho de 92 milhões de reais para o Canal do Sertão e de 70 milhões para o Projeto Pratagy.* Segundo o jornal, o então governador, Ronaldo Lessa, ressaltava a "força política" do senador e a sua importância na liberação de verbas para o estado. *Temos incentivado Renan a ser candidato à minha sucessão. A viabilização de obras importantes como essas pode levar o senador a ser candidato.* Em fevereiro de 2006, o então senador Teotônio Vilela Filho (PSDB-AL), que seria eleito governador naquele ano, comentou a dificuldade para conseguir recursos do governo Lula para o estado, mas fez uma ressalva: *Destaco com alegria e orgulho a atuação do senador Renan Calheiros.* Apesar das declarações generosas, o presidente do Senado se recusava a assumir a paternidade do projeto. Ele não quis falar com a reportagem sobre o assunto. Por intermédio da sua assessoria, disse que, na verdade, "apoiou" um pedido encaminhado por Lessa.

Em outra frente de apuração, em contato com lobistas e assessores que atuavam na Comissão Mista de Orçamento, procurei saber mais sobre a empreiteira contemplada com uma ajuda tão pouco usual. Descobri que pertencia ao empresário Zuleido Veras, um ex-diretor da OAS, uma das grandes do setor. Ele havia deixado a empresa-mãe para criar a sua própria empreiteira. Segundo comentaram as fontes, ele adotava uma prática agressiva na conquista de mercado, com a ajuda de políticos, e estaria desagradando os concorrentes mais poderosos.

Para conhecer as obras tocadas pela empreiteira, fiz uma busca no *site* do Tribunal de Contas da União. Imaginei que ali eu descobriria possíveis irregularidades cometidas pela empresa. Digitei apenas a palavra "gautama". Apareceram 68 processos. Abri um a um e observei que havia várias auditorias acerca de uma mesma obra, às vezes, até quatro ou cinco. Isso porque elas estavam paradas fazia alguns anos. Depois de ler tudo e fazer uma depuração, cheguei a um total de 18 empreendimentos com todo tipo de irregularidade, algumas mais, outras menos graves. O quadro era estarrecedor: indícios de superfaturamento, transferência ilegal de contratos, aditivos acima dos limites previstos em lei, conluio entre empresas.

Em seguida, fiz um cruzamento de dados a partir de informações da Comissão Mista de Orçamento, onde levantei a lista de projetos que estavam paralisados por causa de irregularidades graves nos seis anos anteriores. Uma vez incluídas nessa relação, elaborada com base em auditorias do TCU, essas construções deixam de receber recursos federais. Constavam da lista de 2006 nove obras tocadas pela Gautama em seis estados. Seus contratos somavam 483 milhões de reais. Era incompreensível que a empreiteira continuasse recebendo recursos públicos, principalmente em ato assinado pelo presidente da República, ainda que para executar um empreendimento que não constava da lista do tribunal, o do rio Pratagy. Só mesmo contando com padrinhos muito fortes.

Passei, então, a examinar cada um dos processos no TCU, com atenção especial para empreendimentos de Alagoas. Uma das obras paralisadas, o sistema de macrodrenagem do Tabuleiro dos Martins, em Maceió, tivera início em 1997, no governo de Manoel de Barros (PTB). A auditoria informava que a licitação para a obra havia sido feita na gestão do então secretário de Infraestrutura de Alagoas, o deputado federal Olavo Calheiros (PMDB), irmão de Renan. E havia problemas sérios naquele contrato. Do total de 48 milhões de reais, a Gautama havia executado apenas 25 milhões. O tribunal apontava um possível sobrepreço (valores acima do mercado) e divergência em quantidade de serviços executados que poderiam resultar em um pagamento indevido de 15 milhões de reais. Outra ilegalidade seria a subcontratação de metade dos serviços para a Cipesa Engenharia. Também estavam registradas: a ausência de posse das áreas destinadas às construções e a falta de estudo de impacto ambiental. Uma anarquia completa. Além do mais, as exigências feitas no edital de concorrência para a qualificação das empresas não tinham fundamentação técnica e haviam frustrado o caráter competitivo da licitação. O resultado é que todas as concorrentes foram eliminadas, restando apenas a Gautama.

As relações entre o irmão de Renan e a Gautama não paravam por aí. Olavo também havia conduzido a licitação para outra obra de grande porte tocada pela empreiteira amiga em Alagoas, a construção das adutoras do Alto Sertão e do Agreste Alagoano. Empreendimentos no valor total de 130 milhões de reais. O TCU apontou irregularidades como o não parcelamento da licitação e a sub-rogação de parte do contrato para a empreiteira Cipesa, a mesma do contrato anterior. Como a construção estava em estágio avançado, o tribunal autorizou a sua continuidade, para evitar mais prejuízos aos cofres públicos. Mas, registrou que houve a transferência de parte do contrato para outra construtora "ao arrepio de lei".

Outra auditoria apontava ilegalidades na construção da adutora da Serra da Batateira, em Sobradinho (BA), iniciada em 1993. Paralisada desde 2000, após um investimento de 20 milhões de reais, apresentou 27 irregularidades, incluindo superfaturamento de preços e termos aditivos em valores acima dos limites legais. Também estavam suspensas mais sete obras da Gautama em quatro estados e no DF: a construção do Lote 2 da adutora do Italuís (MA), a implantação da Avenida Beira-Rio no rio Madeira (RO), a construção da barragem de Poço Verde (SE), a elaboração do projeto executivo de Padre Melo (SE), a implantação de perímetros de irrigação no Riacho Tatuí (BA) e no Rio Preto (DF) e barragens de acumulação na bacia do Rio Preto.

No dia 5 de setembro, terça-feira, comecei a procurar os responsáveis pelas obras em Alagoas. Foi difícil encontrar o ex-governador licenciado Ronaldo Lessa (PDT), que estava no interior, em campanha para o Senado. Depois de vários telefonemas, fiz o primeiro contato. Falei das pendências no Tabuleiro dos Martins e no rio Pratagy. Ele afirmou que os recursos para os grandes empreendimentos do estado eram "pedidos da bancada" e acrescentou: *O Renan era o interlocutor, porque é o cara mais importante do estado, o cara que está mais perto do Lula.*

O ex-governador disse que não tinha condições de falar acerca de detalhes desses projetos e me aconselhou a procurar a Secretaria Estadual de Infraestrutura. A sua assessoria me forneceu os telefones necessários. Fiz contato com esse órgão e fui encaminhado para o diretor de obras, engenheiro Denison de Luna Tenório. Falei com a sua secretária, mas ele não estava em Maceió. Havia viajado no dia anterior para Brasília. Embarcara para a capital no voo 3577 da Gol às 16 e 10, com passagens fornecidas pela Gautama. A passagem foi emitida pela empresa de turismo Pinheiro Ltda. Chegou às 18 e 35.

Oficialmente, compareceria à posse do novo presidente do TCU, o ex-senador e ex-governador alagoano Guilherme Palmeira. Mas, aproveitaria a viagem para defender os interesses da empreiteira no Ministério da Integração Nacional. Ele advogaria a liberação de mais recursos para o início da construção da barragem de Pratagy, apresentaria documentação relativa à macrodrenagem do Tabuleiro dos Martins e defenderia que a execução da barragem deveria ser tocada pela Gautama. No início da manhã de quarta-feira, recebeu no hotel cópias de documentos encadernados acerca da obra de macrodrenagem enviados por Maria de Fátima Palmeira, diretora Comercial da empreiteira. Ela aproveitaria a manhã para ir ao cabeleireiro e fazer as unhas. Preparativos para a posse. O diretor de obras esteve no ministério durante a manhã e cumpriu a sua missão. Recebeu um telefonema de Fátima às 11 e 50. Ela perguntou como foi a audiência. Ele informou apenas que iria pegar um

SANGUESSUGAS DO BRASIL

táxi e encontrar com ela no escritório da Gautama, no edifício Embassy Tower, próximo ao *shopping* Venâncio 2000.

No horário do almoço daquela terça-feira, consegui finalmente falar com Denison, por telefone. Falei que o jornal estava fazendo uma reportagem sobre empreendimentos com irregularidades, alguns deles em Alagoas.

— A empresa que faz as obras é a Gautama. Mas ela tem 10 irregularidades no TCU — informei.

— Rapaz, não me consta. Nós estamos regular (*sic*), e a obra está sendo tocada — respondeu o engenheiro.

Ele disse desconhecer tais irregularidades. Pedi detalhes sobre as obras do Tabuleiro e do rio Pratagy. Ele se limitou a fornecer dados técnicos. Pressionado, chegou a mostrar irritação. Ficamos de voltar a conversar mais tarde, porque ele estaria ocupado naquele momento. Logo após receber minha ligação, telefonou para Fátima, às 13 e 37. Pela conversa, já havia alertado anteriormente a diretora da empreiteira sobre os meus contatos em Alagoas. Assim que ela atendeu ao telefone, foi logo informando:

— Luiz Vaz, e o objetivo é vocês e o outro.

— Falou com você já? — perguntou Fátima.

— Falou, acabou de falar.

— Tá joia. Maravilha, meu amigo!

Em seguida, Denison foi relatando detalhes da entrevista:

— Fui enrolando tecnicamente. Aí, contei da importância social e econômica dessa obra para a população que tá morrendo de água salgada.

Contou, então, que foi pressionado durante a entrevista:

— E é abusado. Eu disse: *Amigo, deixa eu esclarecer uma coisa: tô com toda boa vontade. Agora, não se afobe não. O que você está perguntando é uma coisa técnica. Eu tenho uma miopia política muito grande. Se você quiser problema técnico...*

109

Lembrou que o repórter disse ter recebido uma denúncia a respeito do caso. E relatou a sua resposta:

— Bom, aí não sei. Cabe a você averiguar. O que você quer saber? Eu não sou delegado nem nada. Aí, citou o nome de vocês e citou o nome da outra pessoa.

— Sei, hã! Mas ele disse qual era a denúncia? — perguntou Fátima.

— Não.

— Ah! Tá joia, maravilha. Vou tomar providência. Obrigada aí. Um beijo, tchau!

Sem que eu e muito menos eles soubessem, a Polícia Federal já estava investigando o caso. E estavam todos grampeados, alguns com monitoramento visual. Denison embarcou de volta para Maceió na terça-feira à noite, no voo 1716, da Gol, com escala em Salvador, chegando a Alagoas à 1 e 5 da madrugada. Na quarta-feira, às 18 e 39, Denison voltou a ligar para Maria de Fátima para falar sobre a reportagem, demonstrando intimidade com a diretora.

— Oi, minha amiga.

— Oi, meu amigo, tudo bem?

— O cara me ligou agora. Está com o relatório daquele lugar que a gente foi pra posse. Tá com a reportagem pronta pra lançar domingo.

— Quem, o cara, foi?

— Ele tá com o relatório... tá querendo esconder... Eu falei: *Seja mais objetivo, o que você tá querendo saber?* Ele disse: *Tem obras de vocês penduradas, duas aqui... duas não, quatro. O cara tá sabendo, repara! Começou lá pelo sertão.* Eu disse: *Não cara, essas obras não... inclusive, eu tô tocando uma delas, mas é com outra empresa (ele faz uma pausa e sorri).*

— Sei. O cara sabia qual era a empresa — comentou Fátima.

— Pois é! Ele tá com o relatório. Me perguntou um bocado de coisa. Eu falei: *Rapaz, eu tô na estrada, como é que eu posso responder quando foi, quando não foi, quanto é, quando pagou? Impossível.* Ele disse que ligou para o meu ex-chefe, o chefão. O chefão tinha dado o meu nome para responder essas coisas.

— Ah, foi?

— Foi, o ex.

— Eu sei, eu sei.

— Mas eu não consegui falar com o pessoal aí, né? Ficaram de ligar pra mim e não ligaram. O Everaldo.

— O Everaldo, né? Tudo bem. Eu vou dar uma pesquisada nisso aí e te falo alguma coisa, viu?

Em seguida, Denison informa que obteve outra informação sobre o repórter:

— Eu descobri o telefone do cara.

— Quer passar? — pediu à diretora da Gautama.

— Quero. É celular. Ele estava ligando em um da redação. Eu disse: *Rapaz, me dê o telefone que eu retorno pra você.* Ele disse: *Não, deixa eu dar o meu, porque esse é da redação (do Correio Braziliense).*

— Ele ligou da redação? Mas ele falou alguma coisa?

— É... (ele citou exatamente o número do meu celular).

— *Ok.*

— Agora, não sei se é bom você prevenir o pessoal aí, né?

— É, eu vou conversar — disse Fátima.

— Agora, o objetivo é vocês e o que eu falei ontem.

— Maravilha! Obrigada, meu amigo.

Menos de uma hora mais tarde, às 19 e 17, Zuleido recebe um telefonema de um homem não identificado, para falar sobre a reportagem do *Correio Braziliense*. O interlocutor parece ser do grupo.

— Chefe? — diz o desconhecido.

— Diga aí! — responde Zuleido.

— Ainda não falei com o cidadão, tá certo? Mas aquele primeiro me retornou. E aí eu contei a ele. Ele disse: *Isso é uma sacanagem, é motivo eleitoral...* Eu disse: *Olha, eu nada tenho a ver com isso, mas estou lhe avisando, e, se puder nos ajudar...* — relata o misterioso aliado.

— Certo.

— Vamos ver o que eu posso fazer. E até já tiraram vosmecê (*sic*) do foco.

Mas, de qualquer sorte, você sabe que o motivo é esse. Ele disse: *É eleição, esse povo não tem nada a fazer. A gente tem que ter muita paciência, cabeça fria. Fique de cabeça fria.* Eu disse: *Eu tô de cabeça fria, mas tem que tomar providência.*

Zuleido comenta que o repórter está bem informado sobre os negócios da empresa:

— É tudo em cima, assim, coisa de quem conhece detalhes.

— Alguém que pautou bem pautado — complementa o interlocutor.

— Porque o Pratagy não tá em TCU, nada disso, é só sacanagem — irrita-se o chefe do bando.

— Mas eu vou continuar trabalhando, tá?

— Tá bom, meu irmão — encerra Zuleido.

Em 17 de setembro de 2006, após duas semanas de apuração, o *Correio Braziliense* publicou uma reportagem de página inteira acerca das relações da empreiteira de Zuleido com o poder: *Empreiteira com padrinho forte*, dizia a manchete. Na linha fina do título, estava registrado: *Apesar de o TCU apontar irregularidades em nove obras da Gautama, a construtora recebeu 70 milhões de reais do governo Lula, a pedido de Renan Calheiros, para mais um projeto em Alagoas.* Mas, nenhum outro veículo de comunicação deu importância para a publicação. Todos só tinham interesse na Operação Sanguessuga, que havia se

SANGUESSUGAS DO BRASIL

desdobrado na CPI das Ambulâncias. Somente oito meses mais tarde o assunto Gautama se transformaria em mais um escândalo nacional. Em 18 de maio de 2007, a Polícia Federal deflagrou a Operação Navalha, que apurou fraudes em licitações e desvio de recursos públicos praticados pela Gautama em nove estados e no Distrito Federal. Cinco das obras haviam sido citadas na reportagem do *Correio Braziliense* (Italuís, Serra da Bateira, Tabuleiro dos Martins, Barragens do Rio Preto e Avenida Beira-Rio). Foram presas 46 pessoas, entre políticos, servidores públicos e empreiteiros.

O diretor-presidente da empreiteira, Zuleido Veras, foi preso cedinho em um *flat*, nos Jardins de São Paulo. Ele estava descrito no inquérito como *líder de uma organização criminosa voltada para a obtenção de lucro por meio de execução de obras públicas*. As investigações policiais identificaram a atuação de um grupo organizado, hierarquizado, permanente no tempo e com atuação em diversos estados. Segundo o inquérito, o grupo liderado por Zuleido corrompia políticos e servidores públicos para direcionar verbas públicas para obras de interesse da organização, garantir a vitória em licitações e o pagamento de obras superfaturadas, irregulares ou mesmo inexistentes. A execução das construções era relegada a um segundo plano. Elas seriam apenas um pretexto para a apropriação de dinheiro público.

A organização contava com uma vasta rede de funcionários e de lobistas. No primeiro nível da organização, estavam os funcionários da empreiteira que tinham contato direto com Zuleido. Entre eles Rodolpho Veras, filho do empreiteiro, e Maria de Fátima Palmeira, a diretora comercial, que aparecia nas conversas com o diretor de obras de Alagoas, Denison Luna Tenório. Ex-servidora da Secretaria de Infraestrutura do Estado, ela usava a influência perante os dirigentes desse órgão para beneficiar o grupo, intermediando o pagamento de vantagens indevidas. Também atuava em diversos outros órgãos públicos. Os integrantes do segundo nível eram os parceiros da organização. Atuavam como prestadores de serviços ilícitos. Eram empresários ou agentes públicos. Serviam também como intermediários no pagamento de propina aos integrantes do terceiro nível. Nesse último estágio estavam os agentes públicos: municipais, estaduais e federais que usavam seus cargos para beneficiar a organização, mediante a prática de atos de ofício, em troca de vantagens indevidas. Nesse segmento estava Denison Tenório, que colaborava com a organização criminosa no governo de Alagoas, segundo concluiu a investigação.

O inquérito da Polícia Federal registrou que, no período de abril a setembro de 2006, Zuleido e seus colaboradores diretos, incluindo Maria de Fátima, ofereceram por diversas vezes *vantagem pecuniária ilícita* a Denison e a Márcio Fidelson Gomes, então secretário de Infraestrutura de Alagoas. Em contrapartida, esses servidores praticaram "atos de ofício" para beneficiar a Gautama, por meio de emissão de pareceres favoráveis em processos de medição irregular, possibilitando a liberação de pagamento relativo à obra de Pratagy. No ano seguinte, de fevereiro a abril, Denison e o novo secretário de Infraestrutura de Alagoas, Adeilson Bezerra, teriam solicitado vantagens indevidas para liberar o pagamento de outra medição irregular. Zuleido entregou o que havia prometido. Os policiais registraram que, apesar da mudança de governo em Alagoas (o governador Teotônio Vilela já havia assumido), a organização criminosa continuava agindo. O dinheiro teria sido entregue a Denison por Abelardo Sampaio, funcionário da Gautama em Maceió, em 14 de fevereiro de 2007, por volta das 14 e 30, segundo consta no inquérito. No dia anterior, Fátima informara a Abelardo que o material seria levado por Zuleido, que estaria viajando

SANGUESSUGAS DO BRASIL

para Maceió. Em conversa por telefone com a diretora comercial, Denison alertou que o assunto do "adiantamento" deveria ser tratado com cautela, porque nem todos do governo teriam conhecimento do fato. O dono da empreiteira realmente viajara, ficando hospedado no hotel Jatiúca pela manhã. Em ligação feita às 9 e 39, Abelardo disse a Fátima que já havia recebido de Zuleido o "material" de Denison.

Em 2 de março, foi assinada a ordem de pagamento de 3 milhões de reais à Gautama. Uma semana depois, policiais acompanharam Zuleido em nova viagem a Maceió, onde constataram que o empresário teria levado e entregue a quantia de 145 mil reais a Adeilson, em seu escritório particular. Temendo embarcar no aeroporto de Salvador com grande volume de dinheiro, Zuleido comprou uma passagem para Abelardo, que passou pelo raio X com a bolsa. O funcionário entregou o material ao chefe na sala de embarque e retornou ao saguão, onde cancelou sua passagem. Do dinheiro deles eles cuidavam. A maleta que Zuleido levou à capital alagoana era a mesma que recebeu das mãos de Abelardo. Toda a movimentação foi fotografada pelos policiais que faziam o monitoramento.

As investigações mostraram que os lobistas da Gautama também agiam no TCU, órgão que fiscalizava as obras da empreiteira. Em 4 de abril de 2007, um mês e meio antes de ser deflagrada a Operação Navalha, foi gravada uma conversa entre Zuleido e o deputado Paulo Magalhães (DEM-BA). O empresário falava acerca de um pedido de vista que seria apresentado pelo ministro Augusto Nardes em uma auditoria de interesse da empreiteira. Esse instrumento visa adiar uma decisão que está prestes a ser tomada. Era necessário naquele momento porque o ministro Ubiratan Aguiar havia apresentado uma decisão desfavorável à Gautama.

— Vai pedir vistas (*sic*). Quem deve pedir é Nardes ou coisa assim... ou então Guilherme. Vai ser resolvido — assegura Zuleido, que pede para o amigo deputado visitar Ubiratan para fazer uma cobrança:

— Não faça mais isso com a gente não... que a empresa é minha. Pode dizer assim.

A conversa acontece um pouco além das 9 da manhã. Magalhães combina de fazer novo contato com Zuleido à tarde em Salvador.

Quando estourou a Operação Navalha, um mês e meio depois, foram divulgados os diálogos que poderiam comprometer os ministros do TCU citados pela quadrilha. O pedido de vista foi realmente apresentado por Nardes em abril. Mas recebi de uma fonte no tribunal a informação de que Guilherme Palmeira teria solicitado que Nardes fizesse o pedido. Ele não queria aparecer na mobilização por ser alagoano. O autor oficial do pedido não quis falar sobre o assunto. Telefonei para Palmeira, que confirmou a informação.

— Eu não podia pedir vista porque era uma obra no meu estado. Como recebi o pedido do governador, fiz essa solicitação ao Nardes. O governador precisava de prazo para apresentar alguns documentos — comentou o ministro.

Ele foi governador de Alagoas de 1979 a 1982. Informou que a solicitação fora encaminhada a Nardes por intermédio do seu chefe de gabinete. O colega fez o pedido no mesmo dia, 4 de abril, e devolveu o processo no dia 26. O ministro informou ainda que o governador tinha interesse na obra tocada pela empreiteira, o sistema de macrodrenagem do Tabuleiro dos Martins.

Palmeira não soube informar se o pedido original fora feito pelo ex-governador Ronaldo Lessa (PDT) ou por seu substituto, Luís Abílio de Souza (PSB), que assumiu o governo no dia 1º de abril. Após saber das declarações de Palmeira, Nardes confirmou que atendeu a um pedido do colega, mas ressaltou que não sugerira qualquer alteração na proposta do relator.

As escutas telefônicas trariam mais informações sobre as liberações de dinheiro para a Gautama e sobre a mobilização de políticos alagoanos. Em 28 de junho, foi gravada uma conversa entre Zuleido e Bolívar Saback, lobista da empresa, acerca da liberação de um pagamento da obra no rio Pratagy pelo governo do estado.

— Eu tô (*sic*) monitorando aqui. Agora, tem um problema: ele disse que Sapinho (não identificado) não quis assinar a medição — comentou Bolívar.

— O secretário vai resolver isso. Eu já falei com o secretário, mas deixa Denison prevenido — respondeu Zuleido.

— Vai liberar hoje, porque ligou metade do estado para Cheba (Eduardo Henrique Araújo Ferreira, então secretário de Fazenda de Alagoas). O chefe mobilizou todo mundo aí. Aí, citou o nome de todo mundo que tinha ligado para Cheba cobrando. Tá certo?

— Quem foi? — perguntou Zuleido.

— Téo, Renan. Segundo ele, você mobilizou esse pessoal todo.

Renan afirmou na época que estaria apenas defendendo os interesses do estado de Alagoas. Ele não foi incluído na denúncia à Justiça. Mas, o Ministério Público Federal concluiu que teria havido troca de favores e recebimento de vantagens entre a quadrilha liderada por Zuleido e o governador Teotônio Vilela Filho, o Téo. Ele foi acusado de interferir, quando senador, para que os recursos dos convênios destinados ao projeto Pratagy, que estariam indevidamente na conta única do estado, fossem transferidos para a conta-convênio. Vilela alega que encontrou essa irregularidade financeira ao assumir o governo do estado e determinou a sua correção. Ele sustenta que nas escutas telefônicas não há qualquer diálogo seu de conteúdo ilícito. Seriam meras especulações deduzidas a partir de conversas entre terceiras pessoas. O governador já prestou declarações à ministra Eliana Calmon, que preside o inquérito, mas ainda não tinha apresentado a sua defesa porque a ação penal ainda não havia sido iniciada.

O processo contra Zuleido e parte dos denunciados na Operação Navalha corre no Superior Tribunal de Justiça desde novembro de 2006. Alguns recursos chegaram ao Supremo Tribunal Federal, mas não foram acatados. Em abril de 2010, quase três anos e meio após a abertura do processo, Eliana Calmon propôs o seu desmembramento. Primeiro, registrou que o exame da denúncia oferecida pelo Ministério Público contra Teotônio Vilela estava inviabilizado porque a Assembleia Legislativa de Alagoas recusou a autorização para abertura de processo contra o governador. Os demais argumentos da ministra mostram como é lento e ineficiente o processo judicial brasileiro. Ela destacou que a ação penal contava com 61 denunciados, sem que houvesse unidade de participação entre todos eles. Já haviam sido apresentadas quatro mil páginas de respostas preliminares. Só essa fase durou um ano e meio. Em caso de recebimento da denúncia, cada acusado ainda teria direito de apresentar cinco testemunhas por cada crime imputado. Seriam ouvidas centenas de testemunhas. O STJ acabou aprovando o desmembramento. Zuleido é réu na ação penal que corre no Superior Tribunal de Justiça, sobre fraudes supostamente ocorridas em Sergipe, e em mais dois processos na Sessão Judiciária de Alagoas. Maria de Fátima Palmeira é réu no STJ e num processo em Alagoas, junto com Denison Tenório, Adeilson Bezerra, Márcio Fidelson, Eduardo Henrique Ferreira (o Cheba) e Bolívar Saback, por conta do evento Pratagy. Denison também é parte em outro processo que corre em Alagoas, sobre a Macrodrenagem no Tabuleiro dos Martins. Passados quatro anos e oito meses da megaoperação policial, o chefe da organização e

SANGUESSUGAS DO BRASIL

outros 60 réus aguardavam julgamento em janeiro de 2012. Desde então, vários outros escândalos envolvendo políticos, empreiteiras e servidores corruptos seriam descobertos pela Polícia Federal. Difícil é essa gente toda ir a julgamento.

Casa onde funcionaria a Associação Comunitária Raimundo Mané, em Portalegre

6.
A MÁFIA DOS REMÉDIOS

O desvio de dinheiro público é sempre algo inaceitável, mas se torna ainda mais revoltante quando esses recursos deveriam financiar serviços essenciais para uma população carente de tudo. O que dizer da fraude na distribuição de remédios para gente pobre do sertão nordestino? Aquele novo escândalo foi uma tragédia anunciada. Afinal, a junção de emendas parlamentares com entidades privadas ditas "sem fins lucrativos" costuma ter um efeito explosivo. Não raramente acaba em desvio de verbas públicas ou na sua utilização para fins eleitorais. Financiadas pelo Orçamento da União e controladas por políticos locais, essas associações atuam livremente durante anos, sem qualquer fiscalização. Até que recebem a visita de fiscais e auditores de órgãos de controle, às vezes, de jornalistas. A verdade vem à tona na checagem de uma assinatura, na confirmação de um endereço fantasma ou em uma simples conversa. No final de 2006, a Controladoria Geral de União (CGU) divulgou o resultado de uma investigação realizada no Rio Grande do Norte em parceria com o Ministério da Saúde. Pegou em cheio a Fundação Aproniano Sá, que vinha promovendo fraudes na distribuição de remédios em mais de 60 municípios do estado. A entidade havia repassado cerca de 5 milhões de reais para 90 pequenas associações. As prestações de conta vinham sendo aprovadas nos seis anos anteriores com base apenas na apresentação de papéis. E o papel aceita tudo.

Mas a CGU e o Departamento Nacional de Auditorias do SUS (Denasus) fizeram um pente-fino em 20 municípios e descobriram fraudes grosseiras como falsificação de documentos, utilização de notas frias, direcionamento de licitações e uso de entidades fantasmas. O roteiro perverso de sempre. A notícia foi divulgada com poucos detalhes e sem maior destaque pelos grandes jornais. Afinal, não havia indícios de envolvimento de nenhum político importante, como gostam a imprensa e os leitores. Mas a história parecia apropriada para uma reportagem de campo, para mostrar o modo de atuação dessas entidades e as falhas cometidas pelo Poder Público na sua fiscalização, sem falar da atuação dos políticos locais. Como se não bastasse, a fundação havia sido citada como suspeita de envolvimento com a máfia das sanguessugas, desbaratada em maio daquele ano.

O primeiro passo foi conseguir a íntegra da auditoria do Denasus, por intermédio de uma fonte no ministério. Ela continha mais detalhes da investigação e registrava que a Polícia Federal já havia sido informada das fraudes, muitas delas classificadas como infrações penais. Faltava ainda a lista com o nome e o endereço das entidades irregulares ou suspeitas, além da relação dos seus dirigentes. O interessante é que, mesmo após a apuração de tantas ilegalidades, essas informações permaneciam em sigilo. Mas, eu tinha a promessa da entrega desses dados em Natal, na representação de um órgão do governo federal. Avaliei que a apuração seria mais fácil nos municípios menores e mais distantes da capital, onde as notícias custam mais a chegar. Os falsários seriam pegos de surpresa. Além disso, ali estaria a população mais carente, justamente a que mais precisa da atenção e dos serviços do estado. Como parte do planejamento, peguei um mapa rodoviário do estado e tracei um roteiro, com municípios espalhados pelo sertão, litoral e agreste. Seria preciso, ainda, fechar um orçamento enxuto para a viagem. Ficou decidido que eu contaria com o apoio logístico do *Diário de Natal*, outro jornal dos *Diários Associados*, uma rede de comunicação liderada pelo *Correio Braziliense*. O *Diário* entraria com o fotógrafo e um carro.

Parti para Natal em um domingo à noite. Desci no aeroporto e segui direto para o hotel, no bairro Ponta Negra. Já era tarde, mas preparei um chimarrão, para tomar na varanda, acompanhado de uma dose de uísque. Fazia calor, mas um vento com cheiro de mar invadia e refrescava o apartamento amplo. Seria um dos últimos momentos de descanso e tranquilidade naquela viagem alucinante. Acordei cedo e abri as cortinas. Havia um brilho intenso sobre as ondas que quebravam na praia. Ao fundo, o paredão de dunas que é o cartão-postal daquele bairro e da cidade. Tomei café e fui caminhar pelo calçadão à beira-mar, que estava quase vazio. Depois, segui para o jornal, no centro da cidade. Conversei por algumas horas com o diretor de jornalismo e com colegas de redação. Quando falei que iria para o sertão, fui alertado de que o lugar é uma terra sem lei. Eles me aconselharam a interromper a viagem assim que anoitecesse, para evitar os assaltos praticados por milícias fortemente armadas. Pouco depois do meio-dia, conheci a melhor carne de sol da cidade, segundo avaliação dos anfitriões. Voltamos ao jornal e fui apresentado ao motorista e ao veículo que percorreria o estado, um Fiat Mille bastante usado e sem ar-condicionado. O motorista foi escolhido porque fazia a distribuição do jornal e conhecia cada uma daquelas cidadelas. Durante a tarde, tentei colocar a mão na preciosa lista de entidades. Mas os dados só chegariam ao início da noite, via fax, quando eu já estava no hotel. Passei os nomes das associações para a ONG Contas Abertas. Gil Castelo Branco e Carlos Bremer jogaram as informações no Siafi (sistema que registra os gastos do governo federal) e conseguiram os endereços e nomes de dirigentes que faltavam. Mais sossegado, retornei ao calçadão, naquele momento invadido por turistas de várias línguas. Aqui e ali apareciam adolescentes vestindo minissaia e oferecendo seus serviços com frases decoradas em inglês. Algumas delas improvisavam o italiano, talvez por uma questão de mercado. Retornei logo ao hotel e pedi uma refeição no apartamento.

Na manhã seguinte, voltei ao *Diário* e fiquei à espera do restante da equipe. Pegamos a estrada já perto do meio-dia. O repórter fotográfico Eduardo Maia, editor de fotografia do *Diário*, passou em sua casa, em um bairro pelo caminho, e pegou uma sacola com roupas e um estojo com CDs. Havia vários da banda Aviões do Forró, da dupla Bruno e Marroni e de outros astros locais menos conhecidos. Até hoje retumbam na minha cabeça as batidas da bateria de Riquelme. Saímos pela BR-226, rumo a Caicó, no Sertão do Seridó. Almoçamos em um restaurante de estrada, ao lado de um posto de gasolina. No início da tarde, percorremos a BR até o entroncamento para Cerro Corá, uma cidadezinha perdida na região da Serra de Santana. A estrada estadual era estreita e cheia de curvas. Naquele município havia a suspeita de utilização de uma entidade de fachada pela prefeitura. Fomos até o endereço da Associação de Desenvolvimento Sustentável de Comunicação Social e Cultural, que assinou um convênio para receber medicamentos. Mas, ali funcionava um salão de beleza improvisado. A dona da casa nos indicou o endereço do presidente da associação, Cleudson da Costa. Funcionário da prefeitura, ele já estava em casa, lá pelas 17 horas. Fomos

SANGUESSUGAS DO BRASIL

recebidos com hospitalidade. Ele nos contou, sem rodeios, que os remédios haviam sido realmente entregues à prefeitura.

— O prefeito nos procurou e disse que os remédios teriam de vir através da entidade. Como temos um bom relacionamento, assinei o convênio. Depois, um motorista da prefeitura pegou os medicamentos. Nem cheguei a ver.

Ele admitiu que a finalidade da associação fosse outra.

— A gente faz o festival de inverno em parceria com a prefeitura.

Informou, ainda, que parte do material teria sido distribuída na comunidade de Ipoeiras, distante da sede do município cerca de 20 quilômetros. Agradecemos as informações e partimos para a localidade, em uma estrada de terra empoeirada. Lá, encontramos um posto médico fechado. A vizinha Francisca Maria Conceição disse que os tais remédios teriam sido distribuídos "uma vez na vida". Ela se queixou do péssimo serviço de saúde na comunidade e pediu ajuda. Mas não havia muito que fazer, a não ser relatar o fato.

Voltamos à BR-226 e seguimos para Jucurutu, no Vale do Açu, pouco mais de 100 quilômetros adiante. Chegamos ao início da noite e procuramos vereadores da oposição, buscando informações sobre a Liga de Assistência Social, que teria recebido medicamentos. Apuramos que a entidade era controlada pelo ex-prefeito Luciano Lopes (PSB). Os vereadores avisaram para tomarmos cuidado porque o homem era bravo. Com o endereço em mãos, fomos até a sede da associação, em uma região mais afastada. Numa casa velha e mal conservada, em uma esquina, morava Mércia Amaral Menezes, que nada sabia sobre a Liga, muito menos sobre os remédios. Assegurou que a entidade jamais funcionara naquele local.

— A gente mora aqui há 14 anos — reforçou.

Informei, então, o nome da presidente da entidade: Lúcia Magna Lopes.

— É a irmã do ex-prefeito! — exclamou.

Fomos até a casa do homem, mas ele estava na fazenda, disse uma empregada. Achamos melhor não pernoitar na cidade porque estávamos visados. As notícias correm rápido em cidades pequenas. Já tarde da noite tocamos para Caicó, cerca de 50 quilômetros adiante, onde encontraríamos uma pousada aconchegante. Ainda deu tempo para tomar um chimarrão e prosear com outros hóspedes na calçada, sentado em uma espreguiçadeira, naquela noite quente e sem vento. Lembrei-me dos verões de São Gabriel (RS). Acordamos cedo e seguimos para a "tromba do elefante". Percebi naquele dia que o mapa do Rio Grande Norte lembra muito a figura desse animal. No alto sertão, divisa com o Ceará, fica a "tromba", virada para cima. Depois de 35 quilômetros, passando Jardim de Piranhas, atravessamos um pedaço do território da Paraíba, saindo mais adiante no sertão potiguar. A paisagem árida daquele lugar impressiona pela presença de inúmeras e enormes montanhas de rocha vulcânica. Parecem esculpidas. Chegamos cedo a Portalegre, situada na região serrana de Alto Oeste. A temperatura estava mais amena, talvez por causa da altitude (745 metros). Fomos direto ao endereço da Associação Beneficente Artística e Comunitária Ana Nunes do Rego, que teria recebido um lote de medicamentos. Mas ali funcionava uma rádio comunitária. O locutor rodava músicas e copiava notícias da internet. Depois de algumas andanças pela cidade, encontramos em um bairro pobre o presidente da entidade, José Augusto Rego, vereador do município. Ele confirmou que recebera medicamentos, que teriam sido distribuídos na farmácia do médico Getúlio Rego, deputado estadual pelo PFL.

— Ele é meu tio — revelou o vereador, um tanto constrangido.

José Augusto não soube precisar a quantidade de remédios entregue.

— Eles entregavam uma caixa, sem a lista dos medicamentos. Quem recebia não assinava nada.

O vereador contou que fora visitado meses antes por auditores do Denasus, que lhe apresentaram vários convênios com a sua assinatura, embora tivesse chegado apenas um lote para a sua associação.

— Eu assinei só um, mas eles (os auditores) constataram que a fundação usou xerox de convênios com datas diferentes. Pelo que vi, eles multiplicaram o que assinei em vários convênios.

Mas havia outra entidade suspeita no município. A Associação das Pequenas Comunidades Rurais teria sido usada como fachada pela prefeitura. Encontramos o presidente da entidade, Hermes Dias Sobrinho, em uma chácara mais afastada do centro. Ele contou que fora procurado pelo prefeito e por um representante da Fundação Aproniano Sá.

— O prefeito já chegou com ele e perguntou se podia usar o nome da associação. Eu aceitei, era gratuito.

Depois de procurar na prefeitura e no posto de saúde, encontramos o prefeito Euclides Pereira de Souza (PMDB) no meio da rua. Desci do carro rapidamente, abordei o prefeito e falei das fraudes promovidas pela fundação de Natal. Perguntei como ele havia conseguido os medicamentos.

— Foi através do Fernando Bezerra (senador, na época). Ele ofereceu os medicamentos por meio da associação.

Descemos a serra e andamos 70 quilômetros até Messias Targino, no médio oeste. Praticamente não havia pasto naquela região. Tudo estava seco, esturricado. O sol ardia na pele. E o ar-condicionado fazia cada vez mais falta. Naquele rincão de fim de mundo, certas famílias controlam o Poder Público e seus anexos. Seus nomes estão em placas de rua, associações e até batizam a cidade. Naquele município, a Fundação Valmir Targino era presidida por Maria do Socorro Targino, ex-prefeita e

HISTÓRIA AGORA

mãe da prefeita naquele ano, Shirley Targino. A entidade funcionava em uma casa da prefeita. Maria do Socorro informou que os medicamentos teriam sido enviados em duas ou três remessas e entregues à prefeitura. E não escondeu como conseguiu o material.

— Falei com o Fernando Bezerra. Ele disse que eu podia procurar o Damião (secretário-executivo da Aproniano Sá). A gente tem de procurar pelo caminho político.

Mas, os Targino não tinham a exclusividade do mercado assistencialista na cidade. A Associação Comunitária Cultural, Desportiva e de Desenvolvimento Rural Raimundo Maneco também teria recebido medicamentos da Fundação Aproniano Sá. Pelo menos isso constava nos papéis que eu carregava. No endereço oficial da entidade moravam a ex-mulher e os filhos do ex-presidente, Jeová Paiva. Ele agora morava e trabalhava em Umarizal, por onde havíamos passado cerca de 40 quilômetros atrás. Demos meia-volta e pegamos a estrada de novo. Não foi difícil achar o presidente, que era muito conhecido naquela pequena cidade. Mas ele demonstrou surpresa com a história que contei.

— Eu criei a entidade em 1998, mas ela nunca funcionou. Não recebi nenhum medicamento, nada. Nunca ouvi falar dessa fundação (Aproniano Sá).

Retornamos para a BR-226 e andamos 50 quilômetros até Janduís. O alvo nessa cidade era a Associação João Pinheiro, presidida por Francisco Gurgel, o Chico Tampa. Logo descobrimos que se tratava do vice-prefeito eleito em 2004. A associação funcionava em sua casa. Antes da eleição, já em campanha, distribuía os remédios ao povo carente ali mesmo. Era só apresentar a receita. Mas ele resolveu regularizar a situação depois de eleito, enviando os medicamentos para o posto médico da prefeitura. O relato foi feito pela secretária de Administração, Lorinalda Gurgel,

SANGUESSUGAS DO BRASIL

irmã do prefeito petista, Salomão Gurgel. Ela reconheceu que o procedimento era arriscado:

— Tenho medo desses negócios por meio de associações. Isso é institucionalizar a corrupção.

Já passava do meio-dia e não havia restaurante na cidade. Mas, como o nosso roteiro indicava, após dar uma volta pelo sertão, estávamos retornando a Jucurutu, uma cidade de maior porte, localizada 70 quilômetros adiante. Tocamos direto, atrás do nosso almoço. Encontramos um restaurante modesto, com um prato feito de respeito. A carne estava dura, mas a farofa estava saborosa. O ovo frito, então, no ponto. Mesmo instalado em área aberta, o restaurante era abafado. Comemos bem, tomamos um café aguado e fomos atrás do ex-prefeito Luciano Lopes. Ele estava em casa e nos recebeu na varanda, acomodado em uma cadeira confortável. Com jeito de coronel do sertão, carrancudo, não permitiu fotos. Comecei a falar sobre os problemas da associação, que era presidida pela sua irmã, mas ele interrompeu, em tom grave, ameaçador.

— Minha irmã, que é morta, tinha essa associação. Não tenho conhecimento disso. Ela tinha um trabalho social no município, mas não sei se recebeu remédios. Ela morava em Natal. Vê o que você vai escrever! — avisou o ex-prefeito, informando que Lúcia havia morrido no ano anterior.

A conversa foi rápida e logo estávamos na estrada de novo. Voltamos pela BR-226, mas logo pegamos um atalho, passamos em Santana dos Matos e saímos na BR-304, em direção ao litoral. O nosso objetivo era Caiçara do Norte, distante 250 quilômetros de Jucurutu. Chegamos à noite e logo procuramos um hotel. Fomos informados de que haveria duas pousadas na praia, distantes poucos quilômetros. Com verba de representação curta, escolhemos a mais modesta. Deu tempo para um chimarrão e um aperitivo na varanda, enquanto a dona da hospedaria preparava

Janaína dos Santos mora com quatro filhos nos casebres da Praia de Caiçara do Norte

Posto de saúde (fechado) da Comunidade Ipoeiras, em Cerro Corá

um café reforçado. Em seguida chegaram duas hóspedes que trabalhavam no posto de saúde local. Enquanto lanchávamos, comentei a reportagem que estava fazendo e perguntei se elas tinham informação sobre a distribuição dos medicamentos na cidade. Mas elas sabiam mais, muito mais. A enfermeira Priscila Nunes informou que um dos maiores problemas da população pobre era a desnutrição. A taxa de mortalidade infantil também era assustadora, chegando a atingir, em 2001, 98 mortes para cada mil crianças nascidas. O índice de desenvolvimento humano do município estava em 0,631 — igual ao do Gabão, que mantinha a 124ª posição no *ranking* mundial. Ela recomendou que visitássemos a Rua Projetada, vila de pescadores muito pobres. Ali encontraríamos algumas das explicações para tanta tragédia. Acordei às 5 e 30 e corri para o mar, antes do café. Caminhei pela beira da praia e subi nas dunas desertas, com o sol nascendo. Não havia uma viva alma por perto. Aquela parece ser uma das últimas praias selvagens do litoral do Nordeste. Na volta, entrei no mar, que estava morno, com ondas suaves. Depois, tomamos café e saímos em busca da Associação do Desenvolvimento Comunitário. Começamos a busca pela colônia de pescadores, onde pegamos o endereço do presidente da entidade, João Maria Siqueira. Ele estava em casa, preparando detergentes artesanais para vender. Reforçava o orçamento doméstico com um pequeno barco de pesca. Contou que a sua entidade foi usada como fachada com fins eleitorais pelo ex-prefeito José Edilson de Menezes, que tentou a reeleição em 2004. Os remédios foram formalmente recebidos pela associação, mas distribuídos pelo prefeito.

O prefeito falou: *Vou conseguir remédios para você distribuir.* Eu confiei nele, assinei o convênio e nem li. Depois, ele pegou tudo e distribuiu. Eu falei para ele: *Você está fazendo campanha com os medicamentos, está usando de má-fé.* Mas eu errei, porque assinei — desabafou João Maria, reconhecendo que a sua entidade não atuava na área de saúde.

Dali, nós seguimos até a Rua Projetada. Chamavam atenção a abundância de antenas parabólicas nas casas de taipa e a quantidade de crianças correndo pelas ruas. Priscila havia explicado o fenômeno. Ocorre que a associação de pescadores pagava um auxílio-natalidade de mil e duzentos reais para cada criança nascida na colônia. O dinheiro tinha destino certo: a compra de uma televisão, um DVD e uma antena parabólica. Na rua, encontrei Janaína Silva Chagas, de 21 anos. Ela contou que teve o primeiro filho aos 11 anos. Caminhava com dois bebês de colo, o maior com um ano e o outro com um mês de vida. Mas já havia comprado a parabólica. Disse que tinha sido abandonada pelo marido, mas que o novo companheiro ajudava a sustentar os quatro filhos.

— O outro que buliu comigo não dá nada — comentou.

A enfermeira citou o caso de uma menina-mãe que já tinha quatro filhos aos 16 anos. Outra de 11 anos foi ao posto de saúde e disse que queria fazer planejamento familiar. Em outras palavras, ela queria receber preservativos. Priscila informou que era muito cedo para ela fazer sexo.

— Eu tenho relações com o meu namorado faz dois anos e não quero ter filho — respondeu e menina.

A apuração terminou tarde. Como a estrada de volta era péssima, dormimos na mesma pousada. Mas as moças do posto de saúde não apareceram. Na manhã seguinte, seguimos para Rio do Fogo, onde havia outra entidade suspeita. Mas perdemos a viagem. Encontramos apenas uma casa fechada no endereço que tínhamos. Foi impossível achar os diretores citados. No meio da manhã seguimos em direção ao agreste, no sul do estado, pela BR-101. Almoçamos em um restaurante na estrada, em uma cidade que não lembro o nome. Depois, passamos pelo anel viário de Natal e nos dirigimos para a cidade de Espírito Santo, distante cerca de 70 quilômetros. Saímos da BR em Goianinha, andamos por mais dez minutos e chegamos ao destino. Fomos direto ao endereço do ex-presidente da Associação Comunitária Marcos de Carvalho Filho, Oziel Farias Coutinho. Ele estava recostado em uma rede dentro de casa. E ali ficou. Admitiu que a sua entidade havia recebido os remédios para a prefeitura.

— Esta entidade é tipo de fachada. Quem recebeu foi a prefeitura. Não sei de onde veio, não sei a quantidade e não sei se foi distribuído.

Com o sol a pino, partimos para o agreste serrano, uma região montanhosa, com vegetação abundante. Muito diferente da paisagem clássica do Nordeste. Passamos por uma cidade de nome curioso, Passa e Fica, e chegamos a Monte das Gameleiras, cidade encravada no alto de uma serra, com uma vista belíssima. As ruas bem cuidadas e as casas antigas davam à cidade de aproximadamente dois mil habitantes um estilo bem interiorano. Andamos um pouco para achar a presidente da Associação São Sebastião, Maria das Graças da Silva. Ela ficou surpresa quando informei que a sua entidade teria distribuído medicamentos.

— Nós temos um galpão com máquinas de costura, mas nunca distribuímos remédios. Alguém usou o nome da associação, com certeza.

A Associação de Desenvolvimento Comunitário também foi usada pela prefeitura, mas de forma consentida. A presidente da entidade, Maria de Fátima Souza, contou como tudo aconteceu. Ela acompanhou o prefeito, Reginaldo Félix (PPS) a Natal para pegar os remédios.

— Um deputado disse ao prefeito que tinha os medicamentos e perguntou se tinha uma associação para assinar o convênio. Eu assinei, e os medicamentos foram entregues.

Os fatos constatados e os depoimentos eram recorrentes nos quatro cantos do estado. Prefeituras utilizavam associações

SANGUESSUGAS DO BRASIL

comunitárias como fachada para receber medicamentos distribuídos pela Fundação Aproniano Sá. Uma parcela desse material foi utilizada com objetivos eleitorais, outra nem sequer chegou ao seu destino. Muitos dos "laranjas" nem sabiam que estavam sendo usados. Outros tinham plena consciência, mas achavam que tudo aquilo era normal. Ficava evidente também a participação de parlamentares no processo e na escolha dos políticos beneficiados. No dia seguinte à publicação da reportagem, em 15 de janeiro, uma segunda-feira, a Fundação Nacional de Saúde divulgou o nome dos políticos que haviam apresentado emendas ao Orçamento para financiar a Aproniano Sá. Duas emendas da bancada do Rio Grande do Norte haviam colocado um milhão e 800 mil reais na fundação. Individualmente, a maior contribuição havia sido do deputado Álvaro Dias (PDT): um milhão e seiscentos mil reais. Laíre Rosado (PMDB) tinha colocado mais um milhão e trezentos mil reais nos cofres da entidade. O senador Bezerra havia contribuído com 400 mil reais. Mas, esse direcionamento de emendas não significava, necessariamente, a participação dos parlamentares nas fraudes. O envolvimento somente fica provado quando há uma investigação policial, com a utilização de escutas telefônicas ou quebra de sigilo bancário. O que havia de concreto naquele caso era uma denúncia apresentada à Justiça pelo Ministério Público Federal. O ex-deputado Múcio Sá (PTB), que controlava politicamente a fundação, foi denunciado meses antes pelo suposto envolvimento com a máfia das sanguessugas. Ele teria se associado de "maneira estável" com a organização criminosa, direcionando emendas de acordo com os interesses do grupo. Duas das emendas que beneficiaram a fundação, uma da bancada e outra de Álvaro Dias, destinaram 800 mil reais para a compra de ambulâncias no estado. Múcio recebeu, em abril de 2004, seis pagamentos feitos pela Planam, com valores entre 5 mil e 15 mil reais. A empresa fazia a adaptação de unidades móveis de saúde, que depois eram compradas por prefeituras em licitações dirigidas.

Mas a história ainda não havia terminado. Na terça-feira, o senador Bezerra telefonou para o jornal e negou que tivesse oferecido medicamentos ao prefeito de Portalegre. E avisou que telefonaria para o prefeito Euclides. No início da tarde, liguei para o prefeito e perguntei se o senador havia feito contato.

— Não ligou, mas ouvi falar que ele está revoltado comigo. Eu queria retirar essa declaração. Na verdade, ele nunca me ofereceu nada. Eu citei o nome dele em vão. Foi o Chico Olavo que me ofereceu — disparou o prefeito, um tanto apavorado.

Ele disse ter encontrado Olavo, um ex-assessor de Múcio Sá, no escritório de Bezerra em Natal. Uma coincidência interessante.

— O Chico disse que tinha um medicamento para cá. Isso foi muito antes da política (da campanha eleitoral). Como ele estava no gabinete do Bezerra, eu citei o senador.

Liguei em seguida para Bezerra, que admitiu ter interpelado o prefeito, mas contou uma versão muito contraditória.

— Ele disse que declarou o que você escreveu. Mas quem falou com ele, porque eu interpelei a ele, foi um sujeito chamado Chico Olavo, que já morreu.

Em meio a acusados mortos e depoimentos refeitos sob pressão, a participação do então senador não ficou muito bem esclarecida. Até setembro de 2011, não havia notícias de que alguém tivesse sido punido naquele episódio. A máfia dos remédios foi desmontada, mas ficou provado uma vez mais que dinheiro desviado não costuma retornar aos cofres públicos. O processo contra Múcio Sá no caso das sanguessugas continua correndo na Justiça Federal de Mato Grosso, onde ficava a sede da quadrilha. Em julho de 2008, o ex-deputado solicitou que fosse ouvida uma testemunha na Inglaterra. A Justiça relutou em aceitar o pedido, que tinha jeito de chicana jurídica. Mas acabou aprovando em abril deste ano. Mais uma demonstração do quanto a Justiça tarda e falha.

A ação da máfia dos remédios talvez pudesse ter sido evitada. Não foi por falta de aviso. A CPI das ONGs havia concluído, em 2002, que houve uma proliferação dessas entidades na década de 1990, sem a implantação de mecanismos de controle, principalmente quanto à utilização dos recursos públicos repassados. As ONGs beneficiam-se de um inaceitável mecanismo pelo qual o Poder Público distribui verbas por meio de convênios, sem recorrer a edital público para escolher os melhores projetos. *Dá-se uma espécie de ação entre amigos*, diz o relatório final da Comissão Parlamentar de Inquérito. Há organizações que nem sequer possuem sede ou endereço certo, mas conseguem viabilizar emendas orçamentárias, receber abundantes recursos financeiros do erário e aprovar prestações de contas sumárias. O que mais impressiona é que essas conclusões foram anunciadas há nove anos. E até hoje muito pouco tem sido feito pelo Poder Público para estancar essa sangria de dinheiro público.

Transposição das águas do rio São Francisco em Jucurutu, barragem de Oiticica, inacabada

7.
O BRASIL INACABADO

O sertanejo Canuto Fernandes Silva, de 96 anos, sabe que certas coisas os homens não resolvem sozinhos. Principalmente, se forem os homens do governo. Morador de uma estranha vila em um pé de serra no Vale do Açu (RN), ele aguarda há mais de meio século pela barragem Oiticica. A sala mal iluminada da casa de alvenaria tem as paredes cobertas por imagens de santos e fitinhas benzidas. É nelas que ele se apega. Bem acomodado na cadeira, ele responde de pronto ao ser questionado quando será concluída a obra que deveria trazer água, empregos e fartura aos agricultores daquele sertão: *Quem sabe é Deus!* Após um momento de silêncio, pede reforço: *Deus, Nossa Senhora e Jesus.*

Essa talvez seja a obra inacabada mais antiga entre algumas centenas de projetos que foram abandonados pela metade, ou mesmo no início, depois de consumir bilhões de reais dos cofres públicos. Os benefícios que poderiam gerar não foram e jamais serão usufruídos pela população, muitas vezes gente extremamente necessitada. Eles continuam à espera de irrigação para suas terras secas, água de beber para a família e os animais, estradas, hospitais e escolas para seus filhos. Tudo ficou no papel.

O primeiro inventário oficial das obras inacabadas foi feito em 1995, por uma comissão temporária do Senado. Foram identificados 2.214 empreendimentos paralisados, nos quais tinham sido enterrados 15 bilhões de reais. A comissão era temporária, mas não o problema. Em junho de 2007, o Tribunal de Contas da União elaborou uma nova lista, dessa vez com 400 obras, abandonadas após terem consumido 2 bilhões de reais. Mas o levantamento era incompleto. O próprio tribunal reconheceu que nem todos os ministérios haviam participado da amostra e que muitos dos gestores não haviam conseguido recuperar os dados solicitados. Ou seja, o Executivo não sabia nem mesmo quantos e quais eram esses empreendimentos. Também não foi divulgada a lista dos projetos analisados. A auditoria pretendia aferir apenas a eficiência do controle do Estado sobre aquele patrimônio quase perdido.

A maior parte dos projetos era de rodovias, saneamento e infraestrutura urbana. O principal motivo apontado para tanto desperdício era a descontinuidade no repasse de recursos, seja por falta de planejamento, de interesse político ou por motivos mesquinhos, meramente eleitoreiros. Muitos governos resistem em concluir obras de seus antecessores. O estudo apresentava, porém, uma limitação: não chegou à ponta do processo, onde estavam as pessoas que deveriam receber os benefícios.

O tema havia sido abordado nos últimos anos pelo *Correio Braziliense.* Uma semana antes da divulgação do relatório do TCU, eu fizera um levantamento próprio, mostrando que pelo menos 27 grandes obras na área de infraestrutura hídrica — barragens, adutoras e perímetros de irrigação — eram tocadas a passos lentos com seguidas interrupções motivadas por irregularidades, ou pela descontinuidade no repasse de recursos. Metade delas estava paralisada por determinação do tribunal para se evitar ainda mais prejuízos. O valor daqueles contratos somava dois bilhões e meio de reais. A maioria estava localizada na região que mais precisa de água, o Nordeste. Em funcionamento, esses projetos irrigariam 90 mil hectares. Em outra pesquisa, mostramos que 11 grandes obras estavam paralisadas havia cinco ou seis anos. O tribunal recebia pressão de todos os lados para liberar esses empreendimentos, apesar das fraudes evidentes.

Partimos para um levantamento mais amplo. O TCU incluía nas suas listas centenas de pequenas obras, com valor em torno de um milhão de reais. E algumas delas estavam paradas havia poucos anos. Achei que seria mais interessante procurar os projetos mais antigos e somente os maiores, por causa da sua repercussão social. Uma vez fechada a relação, visitaríamos algumas dessas carcaças públicas, chegando à ponta do processo. Auditores fizeram, a nosso pedido, um levantamento dos processos mais antigos ainda em tramitação na corte, o que ajudou na apuração. Mas não era o suficiente. Passei a fazer buscas no *site* do tribunal, que traz o relatório de todas as auditorias. Iniciei com a expressão "paralisada desde". Em seguida, acrescentava, sucessivamente, os anos de 1990, 1989, 1988 e assim por diante. Surgiram dezenas de projetos interrompidos 10, 15, 20 anos antes. Depois, tentei a alternativa: "iniciada em", acrescentando o ano. Apareceram obras ainda mais antigas, algumas com mais de 40 anos, e ainda inconclusas.

A construção da barragem Paula Pessoa, no município de Granja (CE), começou em 1962, com administração do Departamento Nacional de Obras de Saneamento (DNOS). Chegou a haver escavações no terreno, mas os serviços foram suspensos por causa de problemas técnicos no projeto. Os trabalhos foram reiniciados em 1992, após quase 30 anos de interrupção. Mas, foram novamente suspensos pelo TCU quando tinham apenas

HISTÓRIA AGORA

0,3% da sua execução física. Ali foram encontradas fraudes tais como: superfaturamento, pagamentos antecipados e falta de licença ambiental. Nenhuma novidade. O meu levantamento também incluía empreendimentos que haviam sido retomados após longas interrupções, em alguns casos coisa de 20 anos. Fizemos isso porque essas paralisações geram prejuízos ao Poder Público, com a perda de parcelas já construídas, pela ação do tempo ou por depredações. E o mais relevante é que a população deixou de ser atendida por um longo tempo. Assim, entraram na lista: a Transamazônica, a usina nuclear Angra 3 e a Ferrovia Norte-Sul. No total, 15 grandes projetos, com orçamento de aproximadamente 17 bilhões de reais estavam parados ou se arrastavam por até 50 anos. Fruto da incompetência, da omissão ou da ganância. Construções apodreciam a céu aberto, barragens e estradas eram corroídas pelas chuvas, equipamentos ficavam sucateados, obsoletos naquele imenso cemitério de obras públicas.

Mas era preciso mais, era preciso ir até esse Brasil inacabado, atravessar os sertões à procura dos motivos da existência desses esqueletos de ferro e cimento. Com orçamento apertado, procurei uma região que reunisse projetos emblemáticos, mas não muito conhecidos do grande público. Concluí que seria o Rio Grande do Norte. Parti para o estado em uma segunda-feira, dia 1º de outubro, chegando lá tarde da noite. Fiquei hospedado em um hotel em Ponta Negra, bairro turístico de Natal. Mas esse não tinha vista para o mar, como aconteceu em fevereiro, quando estive no estado investigando a máfia dos remédios.

Acordei cedo no dia seguinte e fui até o *Diário de Natal,* que integra os *Diários Associados,* para preparar a viagem. Eu contaria com a parceria do experiente fotógrafo Carlos Santos. A direção do jornal disponibilizou um Fiat Uno 1.0, movido a gás e sem ar-condicionado. O espaço no bagageiro era mínimo por causa do butijão. Mas não estávamos ali para fazer turismo.

SANGUESSUGAS DO BRASIL

Saímos após o almoço, com a primeira parada ainda na capital. Visitamos o esqueleto do Hospital Terciário de Natal, um projeto para 150 leitos, plantado em um bairro pobre da cidade. Chegou a atingir a metade da execução prevista, consumindo 25 milhões de reais, mas nem isso foi preservado. A imagem era a de uma cidade bombardeada. O local um dia foi cercado, mas até os muros foram derrubados. Em 2000, o canteiro de obras abandonado foi invadido por uma centena de "sem-teto" daquela região. Sem contar com os serviços médicos prometidos, derrubaram paredes e telhados e arrancaram portas, janelas, encanamentos e vigas. Levaram até tijolos para usar nos barracos da favela próxima. Restou de pé o esqueleto de um prédio de quatro andares, com as ferragens corroídas pela chuva. O governo do estado falhou em não ter protegido o canteiro, mas o dinheiro investido jamais foi recuperado. Depois de incluído por vários anos na lista de obras com irregularidades graves, elaborada pelo TCU, foi definitivamente abandonado. O que restou estava imprestável.

Dali, nós seguimos direto para Mossoró, a capital do sertão, distante 278 quilômetros de Natal. A viagem durou quatro horas, a maior parte à noite. Chegamos tarde, dormimos pouco e partimos cedo para Apodi, cidade de 34 mil habitantes, 80 quilômetros adiante. Estávamos atrás de uma obra que estivesse pronta, mas que tivesse pouca serventia. A barragem de Santa Cruz, com 600 milhões de metros cúbicos armazenados havia vários anos, não irrigava um único hectare de terra. Iniciada em 1991, a barragem fora concluída 11 anos depois, no final do governo Fernando Henrique Cardoso. O projeto inteiro previa a irrigação de nove mil hectares e o abastecimento de 100 mil pessoas com água potável em 27 cidades. Mas essas eram apenas previsões.

Chegamos à prefeitura de Apodi antes do prefeito, José Pinheiro Bezerra (PR). Para minha surpresa, fazia um pouco de frio no Planalto Nordestino. Tive de vestir uma camisa de manga

Obra de hospital no Rio Grande do Norte, inacabada e destruída por vândalos

Josemara de Oliveira Paiva mora em sítio próximo à barragem de Santa Cruz, em Apodi

comprida e tomar um café para aquecer o corpo. Estávamos na Chapada do Apodi. Enquanto esperávamos, percorri os corredores do casarão antigo. No descanso da escada principal, havia um painel com uma fotografia de FHC, cercado de políticos, feita no dia da inauguração da barragem. O prefeito chegou meio desconfiado, mas logo foi soltando o verbo.

— O projeto é antigo, não é mesmo? — perguntei.

— Tem cem anos — respondeu, em tom direto.

Mais precisamente, o projeto fora idealizado em 1910, mas ficou pronto em 1988. Era uma reivindicação antiga dos municípios da região.

— Toda campanha era a mesma coisa: *Agora vai, agora vai.* Os políticos ganharam muita eleição por conta disso — comentou o prefeito.

A barragem foi inaugurada no seu terceiro mandato de prefeito. Ele aparecia orgulhosamente ao lado de FHC na foto da escada. Mas, o projeto de irrigação e a adutora que levaria água para outros municípios ficaram no papel. Apesar do atraso, o prefeito procurava ressaltar os pontos positivos.

— O rio está perenizado de Apodi até Mossoró. O lençol freático subiu de 15 para três metros. O projeto de piscicultura já está gerando renda.

Mas lamentava o atraso no projeto de irrigação.

— Podia estar incluído no PAC (Programa de Aceleração do Crescimento). O reservatório é muito grande, poderia ter um valor muito maior para a região. Mas a obra é cara. É problema de decisão do governo — concluiu.

Era preciso, então, ouvir os mais diretamente interessados. Fomos até a barragem. E começamos a sentir a falta do ar-condicionado no carro. Andamos por uma estrada de terra empoeirada, cortando uma vegetação seca típica do semiárido. Abríamos as janelas e entrava um vento quente, sufocante. Fechávamos e

SANGUESSUGAS DO BRASIL

ficava ainda pior. De repente, em meio àqueles grotões, surge a barragem, uma muralha com 57 metros de altura. Era um mar no meio do sertão. Tivemos de escalar um cerro para fotografar sobre a taipa. A partir dela, corria um fiozinho de água. Cerca de um quilômetro abaixo havia um pequeno vilarejo, com casas esparsas. Fomos até lá e encontramos a agricultora Josimara Paiva, de 23 anos. Corpo magro, pele queimada, vestindo saia curta e camiseta regata, estava alimentando uma vaca malhada. Ela sobrevivia da soca (restos de plantação) do milho, do feijão e do sorgo cultivados no "inverno"— época das chuvas, que vai de janeiro a maio. O seu "pasto" estava arrendado para os vizinhos, que alimentavam vacas e ovelhas. A vegetação rala estava completamente seca, em tom bege claro. O solo, esturricado pelo sol forte e pela falta d'água.

— Nessa estiagem não adianta plantar — comentou, resignada.

Ela lamentava mais do que o prefeito o esquecimento do projeto de irrigação.

— A barragem sempre foi prometida, há mais de 30 anos. Mas, não está tendo tanto proveito — comentou, apontando para o paredão de cimento.

Outro morador, já idoso, pede para não ser identificado, mas faz uma pergunta.

— O senhor sabe me dizer se periga essa barragem romper? A gente nem dorme pensando nisso.

Disse que esse era o temor de parte dos moradores do vilarejo. A obra da adutora, iniciada em 1989, deveria ter sido executada paralelamente à da barragem, mas foi paralisada em 1994, por falta de licença ambiental e problemas no contrato. Os primeiros estudos da barragem foram feitos em 1910, mas a mobilização da comunidade começou em 1957. O projeto foi concluído em 1988, e a construção começou em 1991. Parou logo em seguida, com apenas 10% dos serviços executados. Foi reiniciada em 1998 e concluída em quatro anos, a tempo de ser inaugurada por FHC.

Em frente à base da barragem encontramos dezenas de barracos improvisados. Ali eram vendidas bebidas e comidas típicas. Um cano na parte mais baixa da taipa faz jorrar água com extrema força, formando um chafariz também improvisado. Nos finais de semana, cerca de dois mil turistas visitam o local, movimentando aquele estranho comércio, que oferece trabalho para aproximadamente 100 pessoas. Maria do Carmo Norte mora e trabalha ali com os três filhos, em condições bastante precárias. Ela fatura mil e quinhentos reais por mês servindo peixe frito, galinha caipira, tapioca. Ela reclamava da falta de infraestrutura:

— Não nos dão condição (*sic*). Aqui não tem energia, coletor de lixo, nada.

Ainda assim, era a maior fonte de renda indiretamente gerada pela barragem até aquele ano. Já passava do meio-dia e a fome apertava, mas demos uma olhada na cozinha do barraco e decidimos tocar para Jucurutu, município de 17 mil habitantes distante cerca de 115 quilômetros dali. Eu conhecia um bom restaurante na cidade. O objetivo era encontrar o que restava de outra barragem, a de Oiticica, uma obra abandonada em 1993. A construção havia sido retomada em 1990, mas o TCU trazia informações imprecisas sobre o início da primeira fase da obra. Os primeiros estudos do DNOS seriam da década de 1950. Passamos por Carnaúbas, Campo Grande e Triunfo Potiguar, na viagem de quase uma hora e meia. Comemos no melhor restaurante de Jucurutu. Carne de panela, mandioca, arroz, feijão e salada de alface com tomate. A carne estava dura. Alimentados, fomos até a prefeitura buscar informações a respeito da barragem. Descobrimos que era perto, mas novamente por uma estrada de terra. Era início da tarde e o calor estava infernal, insuportável. A vegetação seca da caatinga tinha abundância de cactos e plantas baixas e esparsas, como o xiquexique.

De repente, em meio àquele sertão esquecido, surge uma vila fantasma, com enormes casas e galpões, tudo de madeira e pintado de branco. Parecia um canteiro de obras abandonado. Mais adiante havia uma pequena fileira de casas antigas de alvenaria onde se avistavam algumas pessoas. Seguimos até lá à procura de informes. Os moradores explicaram que a vila fantasma fora realmente o canteiro da empreiteira OAS, que retomou a construção no início dos anos 1990, mas por pouco tempo. Mas e a fileira de casas de alvenaria, todas iguais, naquele pé de serra?

— É a vila do DNOS — respondeu um dos moradores, Saturnino dos Santos, de 82 anos.

— Mas quem mora aí? — perguntei.

— É o pessoal que trabalhou na obra. Quando abandonaram tudo, deixaram as casas pra gente.

— Isso foi em 1993? — perguntei.

— Não, foi em 53 — respondeu Saturnino.

Parecia conversa insana. Afinal, há 50 anos, haveria apenas o projeto da barragem.

— Não! A obra começou em 53. Eu trabalhei nela. Eu carregava terra, pedra, abria vala — contou o agricultor.

Ele me levou até a sua casa e mostrou uma plaquinha de metal junto à porta que informa: *Propriedade do DNOCS (Departamento Nacional de Obras Contra as Secas)*. Continuei achando aquilo tudo muito estranho. E perguntei:

— O senhor conhece mais alguém por aqui que tenha trabalhado na construção?

— O meu tio. Ele mora aqui ao lado.

Fui apresentado ao senhor Canuto Fernandes Silva. Ele caminhava com dificuldade, mas lembrava dos tempos da obra. Ele conta que trabalhou no canteiro em 1953.

Barragem de Santa Cruz em Apodi

Saturnino Fernandes dos Santos mora próximo das obras da Barragem de Oiticica em Jucurutu

— Fizemos as casas, estradas, derrubamos mato. Depois, acabou tudo — fala, com ar melancólico.

O dono da terra onde seria construída a barragem recebeu como indenização a pequena vila que abrigava os funcionários da construção. Acomodou ali os filhos, netos, bisnetos e tataranetos. O primeiro canteiro foi montado em 1953. Fizeram o desmatamento, abriram estradas, valas, mas o empreendimento foi logo paralisado por falta de recursos. Perto da vila há ainda uma enorme vala, onde ficariam os alicerces da barragem. Seguimos por uma estrada cheia de buracos e curvas, até chegar aos restos de uma barragem de pedras, no alto de um morro. Essa parte foi feita quando o projeto foi retomado em 1990. Indícios de superfaturamento pararam de novo a construção. Os trabalhos foram suspensos em abril de 1993, quando o então Departamento Nacional de Obras de Saneamento (DNOS) apontou indícios de superfaturamento de 140% nos serviços prestados pela construtora. A barragem complementaria os recursos hídricos do Vale do Açu, permitindo a irrigação de 15 mil hectares, além de incrementar a piscicultura. Situada no leito do rio Piranhas, abasteceria de água potável a população de Jucurutu e de mais 15 municípios. Com a transposição das águas do rio São Francisco, seria mais um reservatório dessas águas.

Fomos até o rio e depois tomamos a estrada em direção ao vale, procurando outros moradores. Na região que deveria ser irrigada, o chão está seco, a vegetação esturricada, castigada pela longa estiagem. Depois de meia hora, o local parece deserto, até que encontramos o agricultor Raimundo Pereira de Lima, de 53 anos, distante cerca de quatro quilômetros da área da barragem. Ele espanta o calor na sombra do rancho de taipa, em outro pé de serra. Somos recebidos com hospitalidade. Raimundo planta milho, feijão e "rama de mandioca" nas "oito braças" de campo herdadas pela mulher. Plantou e colheu no "inverno", de dezembro a fevereiro. Agora, espera pela chuva.

— Não tenho nada plantado agora, porque nessa seca não dá nada — comenta, repetindo uma frase comum na região.

— Mas quando virá a chuva? — pergunto.

— Estou desmatando aqui, esperando pela vontade de Deus. Só a vontade de Deus mesmo!

Mais uma coincidência. Ele conta com certa alegria que trabalhou nas obras da barragem em sua segunda fase.

— Eu fazia desmatamento. Trabalhei muito. Essa barragem ia melhorar muito a agricultura. Mas faltou verba, disseram. Hoje, aqui tá tudo seco. Lá na Armando Ribeiro (barragem do município de Açu) tá tudo plantado.

Já no final da tarde, com temperatura um pouco mais branda, voltamos para a cidade. O prefeito não estava no município. Procuramos o presidente da Câmara Municipal, Márcio Soares (PP). Depois de esperar meia hora no banco da pracinha em frente à Câmara, fomos chamados pela secretária. O vereador falou da importância da obra:

— É anseio de toda a população, mas a decisão é do governo federal. O Lula já mandou uma equipe no ano passado para fazer o projeto.

Ele confirma que o projeto parou porque estava superfaturado.

— Comeram o dinheiro e não fizeram nada.

Era hora de pegar a estrada novamente. Seriam mais 230 quilômetros até Natal. A tarde começava a cair, amenizando a temperatura. A cidade vivia a calma habitual de cidades interioranas. Deu vontade de dormir por ali mesmo, mas era preciso seguir em frente.

O Ministério da Integração afirmou, naquele ano, que a obra seria retomada, completamente redimensionada. O orçamento seria de 25 milhões de reais. Segundo cálculos do TCU, porém, seriam necessários 261 milhões para executar o projeto original. O governo Dilma Rousseff parece ter encampado a ideia.

SANGUESSUGAS DO BRASIL

A presidente da República afirmou, em 21 de fevereiro de 2011, no Fórum de Governadores, em Sergipe, que teria *um compromisso de alma com a região Nordeste*. Entre as prioridades no projeto de erradicação da pobreza, mencionou a criação de barragens, cisternas e a expansão da irrigação. E citou a barragem de Oiticica como uma das prioridades para o seu governo. O custo foi estimado em 280 milhões de reais. Se tudo der certo, a obra estará concluída 60 anos após o seu início. Se não surgirem novos superfatuamentos, conluios, fraudes...

Este capítulo terminaria assim, mas a tragédia de Oiticica e da sua gente parece interminável. Em 26 de agosto de 2011, o ministro do TCU Aroldo Cedraz determinou a suspensão cautelar do repasse de dinheiro para a construção da primeira etapa da barragem. A auditoria do tribunal havia encontrado sobrepreço de 33 milhões de reais no contrato firmado pela Secretaria Estadual de Recursos Hídricos do Rio Grande do Norte. O ministro apontou risco de dano ao erário, decorrente de superfaturamento, caso a obra fosse iniciada sem que as irregularidades encontradas pela auditoria fossem saneadas. A barragem foi incluída na lista de obras com indícios de irregularidades graves, com recomendação de paralisação. O Congresso não acatou a recomentação e deixou o projeto fora do temido Anexo VI do Orçamento, que veda o repasse de recursos para obras irregulares. Mas isso não significou que estava tudo resolvido. Em 29 de novembro daquele ano, o contrato foi anulado e ficou decidido que nova concorrência seria realizada. O empreendimento seria retomado, mais uma vez, da estaca zero. Quando a obra vai terminar? Só Deus sabe!

© Carlos Vieira/CB/D.A Press

Área da fazenda Tarumã,
que produz e eucalipto

8.

AS PAPELEIRAS –
A INVASÃO DO PAMPA

Os eucaliptos estiveram sempre nas lembranças da minha infância no Sul. Árvores frondosas, imponentes, de boa sombra, servem também de proteção ao gado no período em que o vento minuano varre e congela as paisagens infinitas do Pampa. Essas imagens bucólicas começaram a se desfazer na minha mente em uma conversa com um velho amigo, em uma tarde de domingo, em Brasília. Enquanto tomávamos um chimarrão, ele ia contando as notícias da nossa terra, São Gabriel (RS). Era fevereiro de 2008. Relatou que a grande novidade eram as vastas plantações de eucaliptos, que estavam ocupando as terras de tradicionais estâncias de gado do município.

— A estância do Panorama está tomada de eucaliptos. Queriam até derrubar o castelo para plantar mais — disse ele.

— Para que tanto eucalipto? — quis saber.

— A Aracruz está comprando tudo — resumiu o velho amigo.

— Mas que Aracruz, cara?

— É a fábrica de celulose em Porto Alegre. Na estrada que vai para Bagé, está tudo tomado. Em Lavras, a mesma coisa.

Percebi que ele falava da antiga Borregard, depois Riocell, depois Aracruz. A fábrica ficou famosa nos anos 1970 pelo mau cheiro que exalava sobre Porto Alegre. Nos tempos da Riocell, o tratamento dos efluentes com algas reduziu bastante o odor, que ficou restrito às proximidades da planta industrial. Mas surgiram outras preocupações ambientais, até pelo crescimento da indústria de celulose no estado. O meu amigo contou que muito estancieiro apertado estava entregando as terras por pouco mais de nada. E a empresa de celulose pagava tudo à vista. A criação de gado em extensão era um modelo pouco rentável havia décadas. Descapitalizados, sem capacidade para grandes investimentos em lavouras mecanizadas, os proprietários estavam abandonando o campo. Tinham duas opções: ou vendiam suas fazendas para a Aracruz ou entregavam para o Incra. Havia vários assentamentos de "sem-terra" do município.

Na segunda-feira, procurei mais informações sobre a empresa e a sua ofensiva naquela região. Descobri que a Aracruz pretendia comprar 100 mil hectares para plantar eucalipto na região central do estado, para abastecer a fábrica de Guaíba (RS), do outro lado do rio de mesmo nome, em frente a Porto Alegre. Havia outro tanto de terras ocupadas com eucaliptos e *pínus* nas proximidades da capital, mas agora a empresa queria quadruplicar a produção da sua fábrica, passando de 450 mil para 1,8 milhão de toneladas por ano. Os novos investimentos eram bem vistos pelo Poder Público e pela mídia local, mas havia descontentes. Eles tinham voz em *sites* independentes voltados para a cobertura de meio ambiente. Descobri ainda que estava em andamento uma ação do Ministério Público Federal contra o processo acelerado e sem controle de ocupação do Pampa por aquelas árvores exóticas, estranhas às características daquele

SANGUESSUGAS DO BRASIL

bioma. Depois de alguns contatos, consegui uma cópia da ação civil pública que corria na Justiça Federal. Mas o seu alvo não era apenas a Aracruz. Também constavam da ação a Votorantim e a multinacional Stora Enso, além da Fepam (Fundação Estadual de Proteção Ambiental), que teriam cometido irregularidades nos processos de licenciamento ambiental. Em outra frente, a Polícia Federal investigava a denúncia de que a Stora Enso havia criado uma empresa de fachada, em nome de diretores brasileiros, para comprar terras na faixa de fronteira do estado, em uma forma de burlar a legislação brasileira.

A principal queixa do Ministério Público era relativa à implantação de extensas áreas de florestas com um instrumento jurídico precário, as "autorizações" da Fepam. Esse instrumento era permitido em propriedades com até mil hectares. Mas a soma das aquisições das três empresas já alcançava 32 mil hectares. E o governo de Yeda Crusius anunciava de boca cheia que as "florestas" ocupariam 440 mil hectares. Em um futuro próximo, chegariam a um milhão de hectares — o equivalente ao dobro do território do Distrito Federal. Os procuradores federais defendiam que fossem exigidas licenças de operações, algo que exige a aprovação de estudo prévio de impacto ambiental (EIA). Depois, fiz contatos com acadêmicos e cientistas especialistas no tema. Havia entre eles uma preocupação com a chegada dos "desertos verdes", formados pelas plantações de eucaliptos e a consequente degradação do meio ambiente. Ambientalistas afirmavam que a monocultura do eucalipto esgota recursos hídricos, afasta animais e arrasa a vegetação nativa. As empresas eram chamadas de papeleiras, embora produzam apenas pasta de celulose. Quase a totalidade do papel é produzida no exterior. O tema era novo para mim. Assim, procurei muita informação antes de partir para o trabalho de campo. O mais difícil parecia ser convencer o *Correio Braziliense* de que valeria a pena ir até o Rio Grande do

Sul para fazer uma reportagem sobre a invasão dos eucaliptos. Mas, a aprovação veio em uma conversa rápida com o diretor de jornalismo, Josemar Gimenez. Ele confiou na minha intuição.

A ação do MPF trazia a relação de todas as fazendas adquiridas no estado nos dois anos anteriores. A maioria tinha até mil hectares, mas havia algumas com 4 ou 5 mil hectares. Fiz um roteiro no estado para visitar as áreas onde havia maior concentração de plantações ou onde estavam as maiores propriedades. As papeleiras haviam loteado o estado. A Votorantim Papel e Celulose (VCP) estava se instalando na Zona Sul e em parte da Campanha, região que reúne os municípios na fronteira com o Uruguai. A Stora Enso escolheu a Fronteira Oeste. A Aracruz ficou com parte dessa região e com a Zona Central. As três regiões estavam situadas na Metade Sul, a parte mais pobre do estado, onde persistem a pecuária extensiva e as monoculturas de trigo, soja e arroz. Há pouco emprego no campo e nas cidades.

Cheguei a Porto Alegre no final de abril, acompanhado do repórter fotográfico Carlos Vieira, o Cacá. O primeiro contato foi com o representante do Ibama/RS no Consema (Conselho Estadual do Meio Ambiente), Marcelo Medeiros. Ele criticava o atropelo na liberação de licenças de operação e a aprovação de um zoneamento ambiental com regras frouxas. Disse que havia sido retirada da proposta original de zoneamento quase a totalidade das restrições que poderiam representar mecanismos de proteção da biodiversidade, das águas e solos dos biomas Mata Atlântica e Pampa.

— O debate técnico-científico foi substituído por uma discussão política e principalmente econômica, sob o argumento de riscos aos vultosos investimentos já em implantação no estado — comentou o técnico.

Busquei informações do governo do Estado sobre os tais investimentos que chegariam ao Rio Grande. O governo da tucana Yeda Crusius alardeava a promessa da indústria de celulose de investir 11 bilhões de reais em cinco anos. Todos os números apresentados eram gigantescos. Elas processariam 4 milhões de toneladas por ano, gerando uma renda anual superior a 5 bilhões de reais. A cadeia produtiva geraria 800 mil empregos diretos e indiretos. Esse número absurdo representava cerca de 40% da população economicamente ativa do estado. Os políticos fingiam que acreditavam naquilo. Mas um futuro bem próximo mostraria que essa promessa era uma farsa. Quis saber ainda dos impostos. Mas esses eram escassos. Isso porque mais de 90% da celulose seria exportada para a China, Japão e Europa. Esse produto estava, portanto, isento do pagamento de ICMS (Imposto sobre Circulação de Mercadorias e Prestação de Serviços). Restavam o ISSQN (Imposto Sobre Serviços de Qualquer Natureza) para os municípios e o Imposto de Renda para o governo federal.

Apesar dos riscos, o governo gaúcho estava disposto a tudo para viabilizar a implantação dessa nova indústria. Insatisfeita com a lentidão na aprovação de licenças ambientais, a governadora havia mudado o comando da Secretaria Estadual do Meio Ambiente em maio de 2007. Substituiu a bióloga Vera Callegaro pelo procurador Otaviano Brenner de Moraes. A partir dali, foi criada uma força-tarefa para liquidar "a toque de caixa" com o estoque de 12 mil pedidos de licenças.

Na terça-feira à tarde, sob forte chuva, partimos para Pelotas, distante cerca de 240 quilômetros, na Zona Sul do estado, onde ficavam o escritório e uma estação de mudas da VPC. A empresa anunciava investimentos de 2 bilhões de reais na implantação de uma base florestal de 140 mil hectares e na construção de uma fábrica para produzir 1,3 milhão de toneladas por ano. Prometia a geração de 30 mil postos de trabalho na região. A planta industrial seria inaugurada em 2011. Aproveitei a noite para tomar um vinho com uma velha amiga. Na manhã seguinte, partimos cedo para o município de Capão do Leão, onde ficava a estação de mudas. Fomos barrados na portaria, onde nos informaram o telefone do escritório em Pelotas. Falei com um assessor de imprensa que não podia dar entrevista nem permitir a visita à estação. A autorização poderia demorar dois meses, disse ele, em tom sério. Olhei para o Cacá e avisei:

— A partir de agora, é sem assessoria de imprensa.

Seguimos para Candiota, cerca de 150 quilômetros adiante, onde tentaríamos visitar a fazenda Aroeira, a maior da região. No caminho, passamos por extensos maciços de eucaliptos que cobriam vales e montanhas. Já haviam sido implantados cerca de 40 mil hectares de plantações naqueles municípios. Mas ainda estávamos em uma região montanhosa. O Pampa apareceria depois de Pinheiro Machado, chegando a Candiota. Na descida do planalto, avistamos aquela paisagem formada por coxilhas e canhadas, com o gado pastando solto, em uma manhã de pleno sol. À medida que se aproximava do horizonte, o verde do campo se tingia de azul-claro até se misturar com o céu. Paramos o carro na beira da estrada, descemos, ficamos um tempo observando e anunciei ao Cacá:

— Isso é o Pampa!

Depois de uma sessão de fotos, andamos mais alguns quilômetros até a entrada de Candiota, que fica próxima à BR-293. Impressionam as chaminés da usina termelétrica Presidente Médici, movida a carvão mineral, no meio daquele descampado. Mais uma ameaça ao ecossistema local. A cidade de oito mil habitantes é cercada por eucaliptos, em esforço para proteger a população das cinzas expelidas pelas chaminés. Perguntamos a moradores sobre a fazenda Aroeira e recebemos uma resposta pouco animadora. A propriedade ficaria distante cerca de 40 quilômetros, e a estrada era de terra batida, com muita poeira e buracos. O maior problema eram as "costelas de vaca", ranhuras feitas pela água da chuva que provocam uma trepidação intensa. Demoramos quase uma hora para chegar. Ao longe já era possível avistar o imenso maciço de eucaliptos e de acácias negras. A estrada atravessava as plantações, com cerca de arame dos dois lados. Paramos rapidamente para fazer algumas fotos. Observei que havia espaços regulares entre as fileiras de árvores — o que demonstrava preocupação com a preservação de corredores ecológicos para animais silvestres. Menos mal. Passamos em frente à entrada da sede da fazenda e seguimos direto. Mais alguns quilômetros e terminaram os maciços. Começamos a procurar pelos vizinhos mais próximos para colher alguns depoimentos. Algumas casas na beira da estrada estavam vazias. Eram pequenas chácaras. Encontramos Marciano Rodrigues Santos, de 22 anos, em casa, no final da manhã. Dono de um tambo de leite, ele afirmou que sempre tivera água em sua chácara. Mas, com a chegada dos eucaliptos, três anos antes, foi começando a escassez, relatou o pequeno produtor rural.

— Tentaram fazer um açude aqui no ano passado, mas o trator atolava. Agora, com os eucaliptos, secou tudo.

Ele mostra o local onde ficava um banhado na sua propriedade. Agora está tudo esturricado, mas ainda é possível ver a antiga taipa que continha a água. Ele posa para fotografias no antigo banhado, com o paredão de eucaliptos ao fundo, distante cerca de 300 metros. De repente, dá outra informação importante:

— Um açude dentro da fazenda (Aroreira) também está secando.

— Você pode nos mostrar onde fica? — perguntei.

Ele nos leva até as proximidades do portão da fazenda. Deixamos o carro na estrada, pulamos a cerca e avançamos por cerca de 300 metros até a taipa do açude, caminhando pelo campo. Cercado por maciços de eucaliptos, o leito da represa está quase todo seco, restando apenas uma lâmina d'água que reflete o sol.

Marciano posa para mais fotos e logo retornamos para o carro. Quando estamos no meio do caminho, aparecem na estrada duas caminhonetes brancas cabine dupla. Elas vêm em direção oposta e se encontram exatamente onde está o nosso carro.

— Sujou! — comento com o Cacá.

— É o pessoal da segurança da fazenda — avisa o nosso guia.

Aconselho o fotógrafo a guardar o filme.

— Na minha máquina eles não tocam — responde Cacá.

Os seguranças descem dos carros armados, alguns com espingarda de cano curto, mas agem de forma civilizada.

— Os senhores têm autorização para entrar na fazenda?

— Estávamos só fazendo umas fotos.

— Por favor, nos acompanhem até a sede da fazenda.

Pedimos para irem em nosso carro. Eles concordam, mas colocam uma caminhonete na frente e a outra atrás do nosso carro, um Gol verde. O clima está pesado, mas a situação tem um lado positivo.

— Não acredito, os caras estão nos levando para a sede. É tudo o que precisávamos — comento com o colega.

A sede era ampla, com vários prédios, em região elevada. Do outro lado do vale havia uma encosta tomada por eucaliptos. Pareciam aquelas imagens de plantações no Canadá ou nos países nórdicos, como Finlândia e Suécia. O escritório tinha um estilo moderno, com muito vidro e madeira, salas amplas e uma bela visão da paisagem. Somos recebidos por um funcionário que parecia ser o gerente. Ele informou que estava chegando de Bagé um diretor da empresa para nos receber. Achei até oportuno o encontro. Mas, enquanto esperamos, mostro ao Cacá um enorme painel pendurado na parede, com o mapa da fazenda. Ali estavam registradas as plantações de 2.234 hectares de eucalipto e 1.084 de acácia. Havia, ainda, uma reserva de 1.146 hectares para pecuária e 439 para agricultura. Cacá registra tudo discretamente. Tomamos um café, um copo-d'água, outro café, e peço licença para ficar embaixo de enormes eucaliptos ao lado do escritório. O fotógrafo aproveita para fotografar periquitos em um ninho na árvore. É uma das poucas aves que pousam em eucaliptos. Após 40 minutos de espera, sem almoçar, já no início da tarde, voltamos ao escritório e informamos que estávamos indo embora.

— Ele está chegando, é só mais meia hora. Vocês têm de esperar.

— Não temos de esperar mais nada. Já esperamos o suficiente. Estamos indo — informei, enquanto nos dirigíamos para a porta.

Um segurança aproximou-se da porta, mas o gerente fez um sinal e ele permitiu a nossa passagem. Seguimos viagem para tentar falar com o prefeito de Candiota, Marcelo Gregório (PMDB). Ele estava na prefeitura, mas destacou a coordenadora do Departamento de Meio Ambiente, Ketleen Grala, para falar sobre as plantações no município. Ketleen era uma defensora do projeto.

— Há um ranço em relação ao eucalipto. Se fizerem a floresta muito adensada, como antigamente, tem problemas. Mas não agora. É um projeto muito bem planejado ambientalmente. Eles deixam 40% de área para preservação ambiental, protegem matas nativas, cursos d'água. Eles plantam para o mercado internacional, precisam de certificado ambiental.

Ela tinha uma visão semelhante à do governo estadual.

— O empreendimento gera empregos, novos impostos, e vai desenvolver a Metade Sul — afirmou, assegurando que o município teria um acréscimo de dois milhões e 800 mil reais em impostos quando começasse o corte de eucaliptos.

Já passava das 3 horas da tarde e precisávamos almoçar, mas não havia restaurante aberto na cidade naquele horário. Tocamos para Bagé, cidade de 110 mil habitantes, conhecida como a

Rainha da Fronteira, distante outros 40 quilômetros, à procura de um lanche. Rodamos um pouco, achamos uma boa lanchonete no centro e comemos hambúrguer. Depois, tentei achar um fazendeiro que arrendava a sua propriedade para o plantio de eucaliptos. O seu nome fora indicado na prefeitura de Candiota. Consegui falar com ele por telefone, mas suas informações não acrescentaram muito. Em seguida, tentamos encontrar o prefeito ou alguma outra autoridade municipal, mas os serviços públicos já estavam fechados. Começava a anoitecer. Era hora de seguir para Rosário do Sul, 190 quilômetros adiante, na Fronteira Oeste, onde dormiríamos. Chegamos pouco antes das 10 da noite. Estava para começar a transmissão de um jogo do Internacional pela TV. Era contra um time pequeno, mas achei que seria um bom programa tomar um chimarrão e secar os colorados. Não lembro o nome do adversário nem o resultado do jogo. Cansado, fui dormir no intervalo.

Acordamos cedo. Tínhamos o que fazer em Rosário, município pequeno, de 40 mil habitantes, mas preferi ir mais longe naquele dia. Seguimos para Alegrete, terra do poeta Mário Quintana, distante 90 quilômetros dali, um município que tinha áreas em processo de arenização. As manchas de areia no meio das coxilhas são visíveis em imagens de satélite. São conhecidas no estado como os "desertos do Alegrete", embora se estendam por dez municípios. Um documento que obtive no Ibama/RS aponta essas áreas como um dos "passivos ambientais" do bioma Pampa. O fenômeno é considerado grave, pela difícil reversibilidade. Pois justamente naquela região a multinacional Stora Enso estava comprando terras e implantando 100 mil hectares de eucaliptos para abastecer uma fábrica de celulose que seria instalada possivelmente em Rosário.

Chegamos a Alegrete, município de 75 mil habitantes, e fomos até a prefeitura, na praça central. Mas o centro administrativo ficava na periferia. Lá, nos indicaram a Secretaria do Meio Ambiente, que funcionava no prédio de uma antiga estação ferroviária, no outro lado da cidade. Após idas e vindas, tivemos um encontro com o secretário do Meio Ambiente, Milton Araújo. Ele nos recebeu ainda tomando o seu chimarrão matinal. Perguntei sobre a compra de terras, as primeiras plantações da multinacional e logo questionei se ele acreditava em prejuízos ao meio ambiente, como previam os ambientalistas. Ele respondeu convicto:

— Eu não acredito, porque a natureza está à disposição da sobrevivência do homem. Temos de ter bom-senso, mas não existe processo de desenvolvimento empresarial e industrial que não tenha certo grau poluidor.

A posição do secretário era clara. Ele estava de olho nos 900 milhões de reais que a Stora Enso prometia investir em suas plantações. E haveria ainda uma fábrica com capacidade para processar um milhão de toneladas de celulose por ano. Aproveitei para sondar sobre a compra de terras na região. Eu tinha conseguido em Porto Alegre a íntegra do EIA-Rima (Relatório de Impacto Ambiental) da empresa. Preventivamente, a multinacional explicava como havia comprado terras na faixa de fronteira sem autorização do Conselho de Defesa Nacional (CDN), uma exigência da legislação brasileira. De nacionalidade suecofinlandesa, a Stora Enso criara uma empresa "brasileira" para comprar as propriedades. Constituída segundo a nossa legislação, a Derflin Agropecuária tinha 99,99% de suas cotas em nome da Stora Enso Uruguay, empresa constituída no país vizinho e controlada pela Stora Enso Amsterdam. O juiz de uma pequena comarca gaúcha considerou que a Derflin era estrangeira. Portanto, não poderia comprar aquelas terras. No EIA-Rima, a Stora Enso registra que percebeu a falha e procurou outra forma de ação para dar segurança jurídica às aquisições. A alternativa

Marciano Rodrigues dos Santos, vizinho da fazenda Aroeira

Área da fazenda Paraíso, de propriedade da Aracruz, produtora de eucalipto

Marciano Rodrigues dos Santos, vizinho da fazenda Aroeira

encontrada era ousada. A multinacional criou outra empresa brasileira, a Azemglever Agropecuária, em nome de dois executivos seus no Rio Grande do Sul, o diretor florestal, João Borges, e o vice-presidente da multinacional para a América Latina, Otávio Ponte. Mas, a nova empresa nacional obviamente não tinha dinheiro para comprar 100 mil hectares de terra. Era uma empresa de fachada. Foi montada, então, uma estranha engenharia empresarial. Derflin e Azemglever fizeram um contrato de mútuo interesse. Em resumo, a Azemglever pegou dinheiro emprestado com a Derflin (estamos falando de milhões de dólares), dando como garantia as propriedades adquiridas. Mas o empréstimo não precisaria ser pago. Já estava previsto que a Azemglever seria incorporada pela Derflin após a aprovação dos processos tardiamente encaminhados ao CDN. Isso aconteceria no ano seguinte, abrindo caminho para a implantação da fábrica de múltipas nacionalidades.

Araújo sabia exatamente o que estava acontecendo na região e até apontava soluções alternativas.

— Hoje, a limitação é a legislação que estabelece uma faixa de fronteira de 150 quilômetros nos limites com Uruguai e Argentina. Mas, essa limitação está na Câmara dos Deputados para ser revisada. A Stora Enso já adquiriu em torno de 46 mil hectares. E a informação é que a empresa só vai ampliar as suas plantações, com a possibilidade de instalação de uma fábrica, a partir do momento em que tenha essa questão resolvida.

Ele contou, então, o pulo do gato:

— Já existe um projeto tramitando no Congresso que determina a redução desse limite de 150 para 50 quilômetros, o que atende à expectativa da região. Temos de rever essa legislação, que é muito antiga. Hoje, ela está na contramão do nosso processo de desenvolvimento. Essa proposta foi feita em função da necessidade de expansão do processo de reflorestamento.

HISTÓRIA AGORA

Naquela mesma noite, entrei nos *sites* da Câmara e do Senado e encontrei a proposta de emenda constitucional (PEC) 49/2006, de autoria do senador gaúcho Sérgio Zambiasi (PTB). Ela propõe a alteração do artigo 20 da Constituição Federal, reduzindo a faixa de fronteira para exatos 50 quilômetros.

Mas o dia seria longo. Após a conversa com o secretário, pedi o auxílio de técnicos da Secretaria para localizar em algum mapa os "desertos" que tanto me intrigavam. Um deles sentou à frente de um computador, entrou no Google e fechou a imagem no município. À medida que fazia a aproximação, era possível identificar pequenos pontos brancos. Escolhi o maior deles, o "deserto" Costa Leite. O programa de computador fez o cálculo da sua área: cerca de 1,5 quilômetro de comprimento por 700 metros de largura. Também fizemos um traçado do percurso ideal até lá, a maior parte em estrada de chão, e tiramos uma cópia impressa para a viagem. Passamos em um posto de gasolina para abastecer o carro e pegar alimentos e água. Ainda comendo, seguimos cerca de 30 quilômetros por estrada asfaltada. Depois, começamos a comer terra. Pouco mais de 15 minutos e descobrimos que a estrada estava interrompida. Funcionários da prefeitura informaram que uma ponte em mau estado estava sendo demolida para dar lugar a outra. Pedi para falar com o engenheiro responsável pela operação. Sem a ponte, teríamos de fazer uma longa volta, gastando quase duas horas. A passagem pela barreira foi permitida, mas só até as proximidades da ponte. Quando chegamos perto, uma escavadeira seguia pelo leito do riacho para iniciar a demolição. Não havia barreiras, e a ponte de madeira parecia resistente. Olhei para o Cacá, mais maluco que eu, e convidei:

— Vamos!?

Quando chegamos bem perto, os operários gritaram para que parássemos, mas era tarde. Atravessamos em velocidade moderada, enquanto as madeiras rangiam. Depois que passamos, fiquei pensando: *Como vamos voltar?* A única saída era seguir em frente. A estrada melhorou, mas parecia desconectada com o satélite. Acabamos nos perdendo duas vezes e percorremos muitas léguas além do necessário. Chegamos ao destino no meio da tarde. O deserto ficava próximo à escola municipal Jacaquá. O seu diretor, Benhur Soares Leal, nos recebeu com água gelada e chimarrão morno. E ficamos proseando. Professor da escola havia 18 anos, vinha acompanhando a evolução do areal.

— De dez anos para cá, evoluiu com maior rapidez — relatou.

Ele chamou outro funcionário da escola para a conversa. Era Rui Costa Leite, neto de Constantino Costa Leite, antigo proprietário da fazenda onde se formou o deserto. Rui tinha uma versão estranha para a origem do problema. Era uma daquelas lendas de campanha.

— Isso começou por causa das brigas de touro. Eles escavavam o chão. Depois, o vento levava a areia, que cobria e matava o pasto.

Benhur sustentava que a consistência arenosa do terreno e a ação dos ventos teriam dado origem ao deserto. Tínhamos ouvido uma explicação bem mais complexa do geólogo Ingo Scheider na Secretaria de Meio Ambiente.

— Não é nada disso que falam. Isso é resultado do basculamento de blocos, da acomodação dos basaltos da Serra Geral. São placas tectônicas que se movimentam a 410 quilômetros de profundidade, em velocidade de três milímetros por ano.

O diretor da escola aponta para uma fileira de eucaliptos plantada pelos moradores para tentar conter a expansão do areal pelo vento. Ele contou que a Secretaria Estadual de Meio Ambiente havia cedido mudas das árvores, mas teria faltado maior cuidado dos proprietários da área. O Atlas da Arenização elaborado pelo Departamento de Geografia da Universidade Federal do Rio Grande do Sul (UFRGS) condena a plantação de eucaliptos na região. A planta tem raízes profundas e sobrevive mesmo em

HISTÓRIA AGORA

condições adversas, mas empobrece o solo e consome recursos hídricos nas proximidades. Ali, não seria diferente.

— Funcionou por ali, mas aumentou do lado aposto — comentou Benhur, mostrando pontos de erosão no lado oposto da pequena floresta.

Ele pediu para Rui nos acompanhar até o "deserto", distante cerca de um quilômetro da escola. Assim que chegamos, observamos que a areia havia passado pela fileira de eucaliptos e já começava a invadir a estrada, formando montes com mais de três metros de altura. Depois, caminhamos pelo areal, que ganhava uma coloração alaranjada com o cair da tarde. Havia pequenas dunas esculpidas pelo vento. Ao redor, a imagem das verdes pastagens pampeanas. Nas regiões mais elevadas havia pequenas voçorocas formadas pela passagem das águas de chuva. Quando o sol baixou de vez, decidimos pegar a estrada, acompanhando o diretor da escola, que estava retornando para Alegrete. Ele conhecia o caminho — um emaranhado de estradas vicinais sem qualquer sinalização. E não havia mais aquela ponte de madeira. Alguns quilômetros adiante, avistamos da estrada outra área desértica em formação, ainda sem nome. Paramos para trocar um pneu e nos perdemos no nosso guia, mas acabamos achando o rumo da cidade, aonde chegamos já noite fechada. Um banho para tirar a poeira e fomos jantar. Deitamos cedo para acordar às 5 da manhã.

Antes de retornar a Rosário, naquela sexta-feira, ainda estivemos no deserto do Passo Novo, distante 30 quilômetros da cidade. O capataz da fazenda, Ermino Gonçalves Nunes, ainda estava chimarreando quando chegamos. Ele foi até a porteira do potreiro das casas e mostrou uma mancha de areia distante cerca de dois quilômetros.

— Isso aumentou uns 100 metros nos últimos anos. As pessoas dizem que vai aumentar cada vez mais. Talvez tome conta de

SANGUESSUGAS DO BRASIL

todo esse pedaço de campo. Quando tem ventania, aumenta aquele monte alto (uma duna). E faz aquela poeira — comentou.

Ele permitiu que entrássemos pelo campo para ir até o areal, localizado na beira do rio, ao lado do povoado Passo Novo. A área tinha cerca de um quilômetro quadrado, já avançando sobre o campo. Havia muitos rastros de cobra e de outros animais silvestres. Fotografamos e filmamos o local. Depois, passamos no hotel e partimos rumo a Rosário. Na semana seguinte, eu faria contato com a professora Dirce Suertegaray, que coordenou a elaboração do Atlas de Arenização do Sudoeste Gaúcho. Ela apontou uma área de 37 quilômetros quadrados ocupada por areais, segundo mapeamento feito a partir de imagens de satélite. Só em Alegrete seriam 13 quilômetros quadrados. Após meses estudando a região, ela concluiu que os areais resultam inicialmente de processos hídricos, que formam ravinas e voçorocas. Depois, ocorre o alargamento das suas bordas. O transporte de sedimentos pela água durante as chuvas torrenciais resulta na formação de depósitos arenosos em forma de leque. Com o tempo, esses leques vão se agrupando e dão origem a um areal. Os ventos que atuam naqueles descampados, em todas as direções, ampliam e aceleram ainda mais o processo de arenização.

Na manhã daquela sexta-feira, tocamos para Rosário, onde almoçamos um bom churrasco, em um restaurante na entrada da cidade. A primeira tarefa, em seguida, foi procurar o cartório de registro de imóveis, onde procurei registros em nome das empresas que representavam a multinacional Stora Enso. A titular do cartório nos forneceu cópias do registro da fazenda Tarumã, comprada pela Azemglever por seis milhões e trezentos mil reais. Ela assegurou que a aquisição havia sido feita de acordo com a legislação brasileira, embora houvesse divergências em relação à sua legalidade. Ali mesmo pegamos as coordenadas da fazenda, por um caminho sinuoso e sem placas de sinalização. A estrada de chão estava um pouco embarrada. Uma chuva impediria o nosso retorno, mas tocamos em frente. Meses antes, a Tarumã havia sido invadida por agricultores "sem-terra". Foram retirados à bala pela Brigada Militar do Estado. Vários deles foram atingidos por disparos de arma de chumbo. Assim, imaginei que não seria prudente bater no portão principal. Procuramos entrar na fazenda pelas laterais. Andamos mais de 70 quilômetros, até achar um posto que guardava uma das entradas. O posteiro informou que não era permitida a entrada de estranhos. Eu teria de telefonar para a sede da empresa. Ficamos parados na porteira por uns 15 minutos, até que apareceu uma caminhonete transportando peões na carroceria. O motorista disse que era arrendatário de parte da fazenda. Informei que era jornalista e pedi permissão para entrar e fazer algumas fotos, sem explicar em detalhes o motivo da reportagem. Ele aprovou e permitiu que entrássemos na frente. Logo chegamos ao alto de um cerro, onde havia uma plantação nova de eucaliptos, com arbustos de cerca de dois metros de altura. Ao longe, era possível avistar extensos maciços daquelas árvores. Tratava-se de uma imagem completamente nova e exótica naqueles rincões. Fotografamos, filmamos e já nos preparávamos para deixar a fazenda quando tocou o telefone celular. Pude identificar no visor que o número era do *Correio Braziliense*. A secretária do jornal disse que a chefe de redação, Ana Dubeux, queria falar comigo. E passou a ligação.

— Lúcio, onde você está? — perguntou Ana.

— Estou em Rosário do Sul.

— Onde exatamente?

— Na fazenda Tarumã.

— Saia imediatamente daí, agora! — ordenou a chefe.

Quis saber o que estava acontecendo. Ela contou:

— Recebi um telefonema de um assessor da empresa dona da fazenda. Ele disse que você estava invadindo fazendas sem autorização. Alertou que a fazenda tem vigias armados e avisou: *Ele não estranhe se levar um tiro!*

Informei que havia entrado com autorização de um arrendatário, que não havia perigo, mas atendi à recomendação e deixei a propriedade da Azemglever. Alguns quilômetros adiante eu entrei em uma fazenda vizinha para registrar mais imagens. Percebi, então, que havia perdido o meu celular. Voltamos à fazenda Tarumã e encontramos a porteira aberta. Fui até o local em que havíamos feito as fotografias, mas não encontrei o aparelho. Quando estava no alto do cerro, ouvi três estampidos vindos do vale à frente: "Pá, pá, pá". Achei que eram três tiros e corri para o carro. Quando cheguei perto, gritei para o Cacá:

— Estão atirando, toca, toca!

Ele perguntou se eu tinha certeza, enquanto acelerava o carro.

— Certeza eu não tenho. Mas, na dúvida, a gente corre — respondi.

Andamos sem parar até a cidade, rezando para não chover. O tempo estava mais armado que os vigias. Quando chegamos a Rosário, conseguimos telefonar e avisar a chefe de redação do ocorrido. Ela determinou que registrássemos uma ocorrência na delegacia de polícia. Argumentei que isso dificultaria o nosso trabalho nos dias seguintes. Fomos até a prefeitura e à casa do prefeito, nas proximidades da Praia das Areias Brancas, no rio Santa Maria. Mas ele estava viajando. Foi possível encontrar apenas a sede da Stora Enso no município, uma casa simples um pouco afastada do centro. Fizemos apenas fotografias, discretamente. Depois, seguimos direto para São Gabriel, cerca de 60 quilômetros à frente, pela BR-290. Ficamos hospedados no hotel São Luís, na entrada da cidade, perto da rodoviária. Deixamos as malas e fui até o prédio onde morava o prefeito, Baltazar Balbo Teixeira. Eu o conhecia de nome, dos tempos da minha infância e adolescência na cidade. Interfonei e consegui falar com o prefeito. Disse que era jornalista, que estava na cidade a trabalho e solicitei uma entrevista. No meio da rápida conversa, ele perguntou:

— Você não é o filho do seu Herocy, que mora em Brasília?

Combinamos um jantar no hotel, um pouco mais tarde. Ele apareceu acompanhado de um assessor. O prefeito da cidade de 60 mil habitantes estava entusiasmado com a chegada da Aracruz ao município.

— Eles estão fortalecendo a nossa economia. Já criaram 500 empregos diretos. E também ganham as empresas locais, que transportam trabalhadores para as florestas, fornecem alimentação, fazem a segurança. Estava faltando emprego na região. Isso movimenta a cidade. Até o pipoqueiro ganha — comemorava o prefeito.

Depois de ouvir atentamente o longo relato, comentei que os ambientalistas afirmavam que a região se transformaria em um "deserto verde", pela implantação de grandes maciços de eucaliptos.

— Isso não me convence. Eles querem plantar 25 mil hectares. Isso representa 5% da área do município.

Perguntei sobre os impactos das plantações no meio ambiente. Ele respondeu prontamente, sem rodeios:

— Não posso falar sobre isso porque não conheço o assunto.

Eu queria entrevistar os fazendeiros que haviam vendido suas fazendas, mas o prefeito informou que todos moravam fora do município. Ele indicou as fazendas que trocaram de dono, entre elas a do Panorama, que ficava no município vizinho de Santa Margarida, de apenas dois mil habitantes, desmembrado de São Gabriel 12 anos antes. Na manhã seguinte, depois de tomar um chimarrão na casa da tia Erondina, partimos para a localidade de Cerro do Ouro, onde ficava a fazenda agora batizada de Paraíso. Como já conhecia aquelas estradas vicinais, foi fácil chegar. A maior parte dos 2.145 hectares estava tomada de eucaliptos, plantados três ou quatro anos antes. Fomos até a sede, conhecer o "castelo". Na verdade, era apenas um sobrado com arquitetura confusa e de mau gosto. Não havia uma viva alma. Procurei fazendas pequenas na vizinhança, para colher depoimentos. Descendo a serra, cheguei à propriedade de Adão Alves. Ele reconheceu que o novo empreendimento havia gerado empregos, cerca de 300, mas apenas para empresas prestadoras de serviços sediadas em São Gabriel. O vizinho disse que não havia problemas de água na região, mas fez uma ressalva:

— Não tem problema porque é recente, mas se calcula que vai secar mais as terras.

Um pouco mais adiante, cerro abaixo, encontrei Nery Eires, em uma casa na beira da estrada. Ele apontou um problema após dois ou três anos de implantação da nova cultura:

— Surgiram muitos sorros (graxains). Para criar cordeiro, só encerrado.

Esses animais silvestres vivem em matas mais distantes das povoações. São caçados pelos peões das fazendas de criação de ovelha porque atacam os cordeiros pequenos durante a noite. Os sorros encontraram abrigo nas plantações de eucalipto. Nery recebia naquele momento a visita de um amigo, Nazional Souza, que trabalhava como capataz de uma fazenda em Lavras do Sul, distante cerca de 50 quilômetros dali. A Aracruz já havia comprado propriedades naquele município.

— Lá, já tem plantações grandes.

Figura típica do gaúcho do Pampa, vestindo bombacha e chapéu de aba larga tapeado na testa, ele comentou que a região vinha sentindo cada vez mais a falta de água.

— A cada ano diminui mais. Os banhados estão secos.

Ele previa dificuldades ainda maiores no futuro:

— Mais pra diante pode ser, porque o eucalipto chupa muita água.

Já estava no meio da tarde, mas era preciso andar, porque eu pretendia dormir no Uruguai naquele dia. Por indicação de um jornalista de Porto Alegre, responsável por um *site* direcionado para assuntos do meio ambiente, eu havia feito contato com ambientalistas do país vizinho. Um deles informou que havia problemas ambientais sérios no município de Mercedes, no departamento de Durazno. Os "desertos verdes" haviam tomado o espaço da criação de gado e vinham causando escassez de água na região. Os efeitos estariam mais avançados naquele país porque as plantações já estavam implantadas havia mais de 30 anos. Partimos de São Gabriel por volta das 16 horas, chegando à fronteira, em Santana do Livramento, duas horas mais tarde. Compramos a carta verde e fizemos o seguro do carro para atravessar a fronteira. Livramento é uma cidade geminada à uruguaia Rivera, mas a aduana localizada alguns quilômetros adiante é rigorosa. Achamos prudente registrar os equipamentos fotográficos e eletrônicos, para não termos problemas no retorno. O agente perguntou se éramos "periodistas". Informei que estávamos fazendo uma reportagem sobre a indústria de celulose. Ele respondeu que precisaríamos, nesse caso, pedir uma autorização ao consulado uruguaio em Livramento. Expliquei que isso só poderia ser feito na segunda-feira, mas ele insistiu. Quando tudo parecia perdido, observei um jornal de Montevidéu sobre a mesa. A manchete informava que os argentinos haviam fechado a ponte San Martín, sobre o rio Uruguai, que liga Fray Bentos, no Uruguai, a Gualeguaychu, na Argentina. Era um protesto contra o lançamento de dejetos e produtos químicos pela fábrica de celulose da finlandesa Botnia, instalada em território uruguaio, no rio que divide os dois países. Puxei assunto com o agente da aduana e comentei que os argentinos não tinham razão. E disse que eu estava ali para fazer o relato da disputa entre os dois países.

— Então, podem passar amigos! — autorizou o agente.

Em uma hora estávamos em Taquarembó, aproximadamente 100 quilômetros adiante. Depois, mais 170 quilômetros até Paysandu.

SANGUESSUGAS DO BRASIL

Chegamos por volta das 23 horas, já bastante cansados. Mas, ainda saímos para tomar umas *cervezas* e conhecer algumas *chicas*. Ficamos nas *cervezas*. Levantamos às 5 e meia da manhã e saímos a caminho de Mercedes embaixo de uma cerração forte e um frio cortante. Após 20 quilômetros começamos a passar por carretas carregadas com toras de eucaliptos. Seguiam para a fábrica da Botnia. Havia plantações nos dois lados da estrada. Pude observar que os maciços eram mais fechados, praticamente sem espaço para os corredores ecológicos. A distância entre as árvores também parecia menor. Paramos na porteira da Florestal Oriental, empresa terceirizada que produz a matéria-prima para a empresa finlandesa. Fizemos fotos e logo seguimos. Decidimos passar primeiro em Fray Bentos, para visitar a fábrica e tentar passar pela ponte. Fizemos poucas fotos porque a visibilidade ainda estava péssima. Fomos parados por soldados armados na entrada da ponte. Não permitiram que atravessássemos nem caminhando. Tocamos para Mercedes, que ficava bem próxima. A cerração deu lugar a um sol escaldante. Pegamos informações na cidade, compramos água e bolachas e partimos para o interior, atrás da localidade de Cerro Alegre, uns 40 quilômetros mais à frente. Seguimos por meia hora pela Ruta 2 e depois dobramos à esquerda. Começaram a aparecer os grandes maciços de florestas. Estivemos em várias fazendas. Algumas estavam abandonadas, outras com chave na porteira. Passamos ao lado de plantações da Florestal Oriental e da Eu Flores. Em uma delas, havia pilhas de toras de eucaliptos com mais de um quilômetro de extensão. Até que chegamos à fazendinha de Humberto Mesquita, um pequeno produtor de 77 anos que lutava contra a escassez de água. Ele batalhava para manter cem cabeças de gado em uma área de 75 hectares. A lavoura de soja estava praticamente perdida.

— Não vale nada. Há muita falta de água por aqui. Todos dizem que é por causa dos eucaliptos — comentou o agricultor, apontando para a plantação de árvores nas proximidades.

HISTÓRIA AGORA

Ele indicou o nome de outro produtor que teria mais informações a "meia-légua" adiante. Batemos em três fazendas abandonadas até chegar à casa da pessoa indicada. Mas, ele não quis falar porque havia arrendado parte das suas terras para as "pasteiras", como chamavam as fábricas de celulose. Indicou o nome de Vitor Riva, perto dali. Andamos por estradas estreitas e empoeiradas por meia hora, até achar a sua chácara. Bem informado, ele contou que as florestas foram implantadas em 1987.

— Em 94 começou a escassez de água. Secaram as canhadas (vale entre duas coxilhas, ou colinas), os banhados, os riachuelos (riachos). Pedimos ao governo que não florestasse mais. Secaram todos os poços. Só alcançamos água com profundidade de 48 metros — lamentou.

Ele havia conseguido uma boa colheita de abóboras, mas os animais estavam sentindo muito a falta de água. Havia ainda outra preocupação:

— As florestas trouxeram muitas pragas, com a chara (cobra cruzeira) e o zorro, que come os cordeiros.

Ele se referia ao mesmo canino selvagem que no Brasil tem a grafia de "sorro". O animal tem pelo cinza e uma mancha preta sobre os olhos que lembra a máscara do lendário personagem de filmes e histórias em quadrinhos, o Zorro. Riva comentou que todos na região temem pelo futuro.

— A terra fica inutilizada com os eucaliptos. E não adianta contar com os políticos. Estão todos a favor. Quando chegam ao governo, se juntam todos.

Depois de mostrar a fazenda e conversar por mais de meia hora, ele informa que o principal líder do movimento é Washington Lockhart, que mora na fazenda ao lado. Seguimos para lá imediatamente, porque o tempo começava a fechar. Fomos bem recebidos pelo pequeno produtor. Pessoa de palavras e gestos calmos, ele convida para entrarmos na casa simples de homem do campo. Móveis velhos e escuros, mas confortáveis. Vivia em sua chácara fazia 33 anos. A poucos metros da sua casa se estendia um maciço de eucaliptos.

— Eu conheço isso aqui antes e depois da chegada das florestas. Em 94, começaram a secar os poços de água. Secava um e eu fazia outro. Fiz quatro ao todo. O primeiro dava água a 10 metros. O último tem 46 metros de profundidade.

Ele nos leva até ao último poço, bastante profundo.

— Tinha três metros de água (no fundo). Agora, só a metade disso — complementa.

Ele nos acompanha até uma baixada, onde antes havia um banhado. O chão está seco, sem água nem grama, todo empedrado. Na parte mais baixa, mostra um *riachuelo* completamente seco. Vai mostrando tudo com ar de nostalgia.

— Aqui, a gente pescava. Ali, nadavam os cavalos.

Formado como técnico agrícola, mantinha uma produção de queijos finos, com tecnologia bastante avançada. Mostrou os equipamentos bem cuidados e o porão onde mantinha centenas de enormes queijos em processo de amadurecimento.

— O que vale mais, isso aqui ou os eucaliptos? Essa monocultura está prejudicando a produção de alimentos. É um modelo de desenvolvimento do governo. Aqui, todos os políticos são a favor disso — lamentava.

Lembrou que a produção de alimentos pelos pequenos produtores era farta na região. Mas cerca de 70 famílias deixaram o campo, porque arrendaram suas terras para as multinacionais ou porque já não tinham uma boa produtividade. Uma das escolas fechou. A outra, mantida pela intendência de Mercedes, chegou a contar com 60 alunos, mas restavam apenas 20. Naquele ano, cerca de 150 famílias foram abastecidas por caminhões-pipa por causa da escassez de água.

Começou uma garoa fina e Lockhart nos convidou a entrar. Falou dos planos do movimento, que já reunia cerca de 150 produtores. Eles negociavam uma pauta de reivindicações com o governo. Exigiam que nenhum pé de eucalipto a mais fosse plantado na região, a desativação da fábrica de celulose em Fray Bentos, a solução definitiva do abastecimento de água e a revisão da legislação ambiental, que não impunha limites nem restrições às multinacionais do setor de celulose. Bem informado, contou que, além da Botnia, havia na região a espanhola Ense, ainda em fase de implantação da sua base florestal. Mais ao norte ficavam as terras da Stora Enso. A fábrica da Botnia recebera autorização do governo para produzir em 2007 e já estava em operação, apesar do protesto dos argentinos. Com investimentos de um bilhão de dólares, tinha capacidade de processar um milhão de toneladas de pasta de celulose ao ano. Os argentinos alegavam que a fábrica poluía o rio e fecharam as pontes sobre o rio Uruguai ao longo de três anos. Eles sustentavam que um tratado entre os dois países exigia que uma das partes informasse a outra sobre a implantação de qualquer projeto que afetasse o rio. Os uruguaios entendiam que não era necessária a aprovação do projeto pelo país vizinho. O caso foi parar na Corte Internacional de Justiça de Haia, que deu ganho de causa aos uruguaios em junho de 2010. Conhecer a experiência uruguaia era importante para o Rio Grande do Sul, que estava implantando um modelo de desenvolvimento já bastante avançado no país vizinho.

Questões econômicas e internacionais à parte, era hora de comer alguma coisa. Havíamos passado o dia com bolachinha e água. Fomos até Fray Bentos, para fazer mais fotos da fábrica, embaixo de chuva torrencial. Depois, almoçamos um bom entrecôte (a parte da bisteca do contrafilé) malpassado com salada verde. Eram quase 17 horas, mas parecia noite. Tomamos um café forte e pegamos a estrada rumo a São Gabriel, distante cerca de 600 quilômetros. Chegamos perto da meia-noite.

Na manhã seguinte, fomos a Porto Alegre, onde faríamos entrevistas com ambientalistas, líderes sindicais, acadêmicos e representantes do governo gaúcho. O Sindicato dos Servidores do Estado (Semapi) apresentou uma denúncia grave. Três servidores da Fepam haviam sido humilhados, transferidos para o laboratório, porque emitiram parecer contrário à ampliação da fábrica da Aracruz em Guaíba. O parecer que aprovou a quadruplicação fora dado pela diretora técnica da fundação. Fui para uma entrevista com o secretário estadual do Meio Ambiente, Otaviano Brenner, e com a diretora-presidente da Fepam, Ana Pelline. Ele contestava a afirmação de que o zoneamento da silvicultura favorecia as papeleiras. A sua posição era mais de um jurista do que de alguém preocupado com o meio ambiente.

— Estamos em Estado Democrático de Direito. O zoneamento tem uma finalidade de proteção ambiental, mas acaba limitando o exercício de outros direitos, de livre iniciativa, de propriedade, que também são direitos constitucionais.

Ele contestava a ação do Ministério Público Federal que havia acionado o governo do Estado.

— Nós contestamos essa intervenção federal na gestão ambiental. Isso envolve a própria soberania do estado, porque o meio ambiente diz respeito ao território.

Questionei Pelline sobre os pareceres contrários à ampliação da fábrica de Guaíba.

— Eu não tenho conhecimento de nenhum parecer contrário. O que houve foi um remanejamento de pessoal — desconversou.

— Quem remanejou esses técnicos? — perguntei.

— Eu remanejei — respondeu a presidente.

— Eu tenho aqui os pareceres deles — informei.

Em seguida, li a íntegra dos documentos. Eles apontavam inconsistências que inviabilizavam a emissão de licença ambiental.

— Eu tinha lido esses pareceres e não me pareceu que eram negativos. Eles pediam mais estudos. Eu dei um prazo porque todo trabalho tem de ter prazo.

Na noite fria de segunda-feira, fui entrevistar o geneticista Flávio Lewgoy — idealizador da Fundação Gaúcha de Proteção ao Ambiente Natural (Agapan) juntamente com o ecologista José Lutzenberger. Conversamos sobre o velho Lutz, que eu conhecera em 1978, na cobertura do desastre ecológico denominado Maré Vermelha do Hermenegildo, na fronteira com o Uruguai. A produção em excesso de algas ou a contaminação por produtos químicos deixou toneladas de mariscos mortos na praia. Até hoje há dúvidas sobre o real motivo da tragédia.

— O Lutz teve problemas de saúde depois que voltou de lá. Nunca mais foi o mesmo — comentou Lewgoy.

Lembro que havia um cheiro forte, sufocante, na praia do Hermenegildo. Mal-informados, tomávamos leite para tentar evitar alguma intoxicação. Lutzenberger ensinou que aquele não era o remédio indicado para contaminação por produtos tóxicos. O Centro de Estudos Toxicológicos de Pelotas apontou, semanas depois, que houve ali uma contaminação por isotiocianato de metila, um produto utilizado na produção de agrotóxicos. O governo militar jamais reconheceu isso. Preferiu a tese da maré vermelha. Mas essa história renderia outro livro.

Voltemos à entrevista com Lewgoy. Ele participara das reuniões do Conselho de Meio Ambiente que aprovaram as decisões do governo gaúcho. Estava agitado:

— O conselho foi usurpado. As pasteiras estão mandando no meio ambiente do Rio Grande. O governo colocou etiqueta de preço e vendeu o estado.

Na manhã seguinte, fomos visitar a fábrica de Guaíba. Já na portaria sentimos cheiro de ovo podre. O cheiro estava fraco, mas era de ovo podre. Fomos recebidos por uma técnica muito cordial, que falou dos cuidados ecológicos adotados nas plantações, com a preservação de nascentes e corredores ecológicos. Ela também negou que os eucaliptos consumam uma quantidade excessiva de água. Depois, visitamos as partes externas da planta industrial e fizemos fotos, muitas fotos. A empresa também nos forneceu os números de empregos criados, valores investidos, impostos pagos. Nada que o governo estadual já não tivesse fornecido.

Retornamos a Brasília na quarta-feira cedo. Na última parte do trabalho, fiz uma pesquisa sobre as relações entre as papeleiras e o governo gaúcho. A indústria de celulose havia doado 2 milhões de reais aos políticos gaúchos nas eleições de 2006, sendo 500 mil para a governadora Yeda Crusius. Dezenas de candidatos a deputado federal e estadual, incluindo todos os principais partidos, também haviam recebido contribuições. No dia 4 de maio, iniciamos no *Correio Braziliense* a publicação da série *O preço da devastação*. A primeira matéria tinha um título forte: *Barganha política ameaça os pampas*. Nas semanas seguintes, eu receberia informações a respeito dos estragos causados ao meio ambiente pela Aracruz no Espírito Santo, onde a indústria de celulose estava instalada havia mais de 40 anos. Mas este seria outro capítulo da história. Nos anos seguintes, as papeleiras que atuavam no Pampa teriam más notícias, e ficaria comprovado que elas prometeram muito mais do que poderiam realizar. E houve quem acreditasse.

9.

SOU ASSIM...
MEIO ÍNDIO!

Certas histórias poderiam ter ficado para sempre submersas, escondidas embaixo dos tapetes da Esplanada dos Ministérios. Afinal, o governo adora mostrar o que é bom, mas resiste em expor suas falhas, seus erros. Falo de qualquer governo. Mas alguns casos escapam desse controle, por diferentes motivos, e vêm à tona quando já pareciam esquecidos, enterrados. Esta história renasceu quando uma servidora da Câmara me telefonou e disse que tinha uma denúncia de fraude no Prouni. Perguntou se eu queria dar uma olhada nos documentos em sua casa. Como eu já a conhecia, sabia que se tratava de uma fonte com credibilidade. Fui até o seu apartamento e fiquei logo impressionado com a pilha de documentos. Pareciam já envelhecidos. Ela mostrou as primeiras páginas e contou do que se tratava:

— Estão dando bolsas do Prouni na cota de indígena para estudantes que não são índios. Eles se declaram indígenas, mas não são.

HISTÓRIA AGORA

A história parecia bem documentada, mas fiz a pergunta óbvia naquele momento:

— Onde você conseguiu isso?

A servidora contou que trabalhava no gabinete do deputado Pastor Reinaldo (PTB-RS) quando teve acesso ao material. O deputado recebera a denúncia meses antes. Para comprovar as suspeitas, fez um requerimento de informação ao Ministério da Justiça, em 2005, solicitando a relação de todos os estudantes admitidos na cota de indígenas, além de outras informações. Eles haviam se autodeclarado nessa condição, como prevê a legislação. O deputado recebeu um cadastro dos estudantes e determinou que seus funcionários fizessem uma checagem por telefone. Nos primeiros casos investigados, eles já perceberam fortes indícios de declarações falsas. Mas, o deputado achou melhor devolver o caso para o então ministro da Justiça, Márcio Thomaz Bastos, que poderia deflagrar uma investigação mais ampla e profunda. O ministro teria agradecido pela informação e afirmado que determinaria a apuração do caso pela Polícia Federal. O deputado não se reelegeu em 2006 e nunca mais mexeu com aquilo. Como a PF jamais divulgou algo sobre o tema, passados mais de três anos da denúncia, a servidora da Câmara achou melhor passar o caso para a imprensa. Estávamos em julho de 2008.

Procurei informações a respeito do Prouni e os benefícios concedidos a indígenas. O programa previa um percentual reduzido de bolsas (0,2%) para autodeclarados indígenas e negros. Das 385 mil bolsas oferecidas naquele ano, apenas 961 foram reservadas para essa minoria. Na resposta ao requerimento do deputado, o Ministério da Educação informou que havia 1.568 indígenas matriculados em instituições de ensino superior no segundo semestre de 2004, sendo 55% em instituições privadas. Não bastava, porém, a descendência. Para receber a bolsa, era preciso cumprir a primeira exigência do programa: renda familiar per capita de um salário mínimo e meio para bolsa integral e renda de até três mínimos para bolsas parciais. Mas a simples autodeclaração, sem a apresentação de documentos que comprovassem a descendência, poderia ter aberto brecha para fraudes.

Procurei entender por que tantos estudantes queriam se passar por índios, já que essa cota era reduzida em relação ao total de bolsas. A resposta do governo federal ao requerimento do Pastor Reinaldo esclareceu mais essa questão. A Fundação Nacional do Índio (Funai) respondeu que pagava também despesas com mensalidades, aquisição de material didático, apoio à alimentação e hospedagem aos descendentes de indígenas. Essa ajuda extra explicaria, em parte, o interesse dos estudantes em se autodeclararem indígenas. No entanto, mesmo com a ajuda do governo, mais de 60% dos estudantes indígenas eram forçados a desistir dos estudos por falta de recursos. Em Roraima e Tocantins, por exemplo, o percentual de evasão era superior a 80%. Estava faltando dinheiro, portanto, para manter os indígenas nas universidades brasileiras. A própria Funai reconhecia que os "recursos orçamentários" não eram suficientes, visto que a manutenção de um único aluno ficava em 900 reais por mês.

Examinei mais detidamente os documentos oficiais juntados ao requerimento do deputado e percebi que se tratava de uma mina de informações. Constavam ali o nome completo do estudante, o curso que fazia, a universidade, o endereço do aluno e, em muitos casos, o *e-mail* e o telefone. Era cerca de 1,5 mil cadastrados em quase todos os estados. O ideal seria viajar para alguns estados e dar um flagra nos supostos indígenas. Mas o custo da matéria ficaria muito alto. O jeito era fazer por telefone. Eu teria de ligar e checar as informações, gravando cada

HISTÓRIA AGORA

conversa para tê-las como prova. Mas nem todos prestariam informações. Afinal, estavam cometendo uma fraude. Achei melhor consultar o departamento jurídico do *Correio Braziliense* sobre a forma de abordagem. Futuramente, aquelas gravações poderiam ser necessárias em um tribunal. Consultei a advogada Mabel Resende.

— Posso dizer que sou um funcionário do Ministério da Educação?

— Não!

— Posso usar um nome fictício nas entrevistas?

— Não!

Ela entendia que essas artimanhas comprometeriam as provas. Fiquei de apresentar alguma alternativa viável no dia seguinte. Depois de analisar várias possibilidades, apresentei uma que me parecia razoável, embora difícil de operacionalizar.

— Vou telefonar para o estudante e dizer que estou fazendo uma pesquisa sobre o Prouni, sem dizer o motivo. Vou dizendo logo o nome completo dele, o curso, a faculdade, para ele saber que eu já tenho esses dados e ficar mais tranquilo. Em seguida, começo a perguntar se ele está satisfeito com o programa, se o dinheiro é suficiente, essas coisas. Então, pergunto se ele é descendente de indígena. E vamos ver o que acontece.

— Mas, se ele perguntar de onde você é, o que você diz? — quis saber Mabel.

— Nesse caso, eu digo que sou repórter do *Correio Braziliense*, e seja o que Deus quiser — respondi.

A advogada autorizou a fórmula, mas com uma condição. Encerrada a entrevista, eu teria de informar que era repórter do *Correio Braziliense*. Aceitei a decisão e fui a campo. Algumas das respostas seriam hilariantes, se não fossem trágicas. Procurei só quem tinha *e-mail* ou telefone. Muitos não atendiam, talvez porque já não estivessem mais com o número. Grande parte era de

SANGUESSUGAS DO BRASIL

telefones fixos. Os moradores atendiam mais às ligações feitas à noite ou nos finais de semana. Passei duas semanas fazendo as entrevistas. Uma das primeiras ligações foi para Niedja de Souza, de Ceilândia, cidade-satélite de Brasília. Ela tinha bolsa integral como indígena para o curso de Pedagogia.

— Niedja, eu estou fazendo uma pesquisa sobre o programa Prouni. A gente conseguiu a relação das pessoas contempladas com a bolsa. Você faz Pedagogia, não?

— Isso — respondeu a estudante, sem questionar nada.

— A sua bolsa é integral?

— Isso.

— A mensalidade, quanto é?

— É de 300 reais e alguma coisa.

— Você foi selecionada por faixa de renda ou por ser descendente de negro ou de índio?

— Foi assim: o questionário estava bem assim... bem mal distribuído, malfeito, malformulado. Aí, com pressa, eu fui a uma *lan-house* e optei por raça indígena. Só que eu já entrei até com recurso, porque eu não sou, e coloquei lá uma raça que não era minha. Aí, eles mandaram uma carta falando que tudo bem, que iriam pegar pela própria renda.

— Qual etnia você colocou?

— Eu coloquei indígena.

— Eu sou do jornal *Correio Braziliense*. Estou fazendo uma reportagem e gravei a conversa.

— Com quem eu falo?

— Lúcio Vaz. Se quiser, você pode ligar aqui no jornal.

As demais entrevistas seguiram o mesmo roteiro. A maioria respondia tudo o que eu perguntava. Juliete Pinheiro fazia o curso de Teconolgia em Gestão Ambiental no Icesp do Lago Norte, em Brasília. Tinha bolsa integral como indígena. Eu perguntei se ela havia sido classificada por renda ou pelo fato de ser descendente de índio. Ela respondeu com surpreendente sinceridade:

— Descendente de índio.

— Você é de qual etnia?

— Eu não faço a mínima ideia!

— Mas você declarou alguma coisa, né?

— É porque, assim... Eu não lembro, não tenho certeza. Acho que foi pela região, né? É Amazonas.

— Mas tem de colocar uma etnia...

— Não sei se eu escrevi que era Sateré.

— Você sabe de alguém da família que seja indígena?

— Não, porque mistura, né? Meus avós eram portuguesses e tinham também mistura com índios.

Achei curioso o nome do estudante Andrey Assunção Santos, de Nova Iguaçu (RJ). Ele cursava Ciências Biológicas na Faculdade Souza Marques, com bolsa integral de indígena. Perguntei se ele havia conseguido a bolsa por ser descendente de índios.

— Não, por renda.

— Você não é descendente de índio?

— Não.

— Aqui fala que você é descendente.

— Que isso! Não.

Como eu insisti na pergunta, ele apresentou uma explicação:

— Não, porque, tipo assim, meus avós são descendentes. Minha bisavó é descendente. A mãe do meu avô. Veio da Bahia.

— Então, você declarou ser descendente?

— Não. Eu botei isso?

— Aqui consta isso.

— Não, mas eu entrei por renda, não porque sou descendente.

Kátia Santos Viana, de Londrina (PR), cursava Direito na Universidade do Norte do Paraná. Quando perguntei se ela era descendente de indígena ou de negro, respondeu de um jeito um tanto confuso.

— Oh! É que, tipo assim, eu... eu... eu acho que eu sou descendente, porque minha avó é meio que índia, sabe? Os pais dela é tudo meio... é tudo índio, assim. Os bisavós dela eram tudo índios legítimos, de tribos e tudo mais. Só que, como é bisavô dela, hoje, eu não sei se sou descendente, porque sou muito longe, entendeu? Eu me considero como descendente, mas acho que não é considerado mais.

— Aqui consta que você teria se declarado como descendente. É isso?

— Então, eu me considero pela consideração que tenho pelos meus avós. Eu me considero índia, até pelo meu cabelo, que é preto, liso, comprido.

— Está bom, muito obrigado.

— Por nada. Deixa eu te perguntar um negócio: qual a finalidade dessa pesquisa?

— É uma reportagem sobre o Prouni. Eu sou repórter do jornal *Correio Braziliense.*

— Ah, tá! Entendi.

O passo seguinte foi procurar o ex-deputado Pastor Reinaldo. Consegui entrevistá-lo por telefone. Ele se lembrou da audiência com o ministro da Justiça.

— Ele disse que ia tomar providências, que ia encaminhar o assunto para os setores competentes. Mas depois não respondeu mais.

Envolvido com a causa indígena, ele disse que, durante o seu mandato, interessou-se pela questão das bolsas e das cotas. Lembrou que ficou impressionado com o resultado das entrevistas feitas pela sua assessoria.

— Os caras nem sabiam que estavam na cota de descendentes — comentou.

HISTÓRIA AGORA

Falei com o ex-ministro Thomaz Bastos também por telefone. Ele disse que não se lembrava da denúncia nem da audiência com o deputado. Sugeriu que eu procurasse o secretário-executivo do ministério, Luiz Paulo Barreto, funcionário da Justiça que ocupou o cargo também em sua gestão. Barreto determinou que fosse feita uma pesquisa sobre o caso nos arquivos do ministério e da Polícia Federal. Após quatro dias de buscas, não foi encontrado nenhum registro da denúncia nem de qualquer tipo de investigação acerca do caso.

O MEC se manifestou por intermédio de sua assessoria de imprensa. Informou que o critério de autodeclaração dos candidatos às vagas estava previsto na lei que criou o programa (11.096/2005) e declarou desconhecer *qualquer ação sistêmica relativa ao uso indevido do expediente da autodeclaração*. Mas acrescentou que, a partir de 2006, por sugestão das comunidades indígenas, passou a exigir que os candidatos desse grupo étnico informassem, no momento da inscrição, dados sobre a sua origem e base territorial. *A ideia é inibir candidatos que se declarem indígenas falsamente*, disse a nota do ministério.

Enviei, então, ao MEC, a relação dos estudantes autodeclarados indígenas ouvidos pela reportagem e perguntei se todos eles haviam sido incluídos na cota dessa etnia. O coordenador do Prouni, José Freitas Lima Filho, confirmou que todos eles constavam no cadastro do programa como indígenas. Mas disse que não poderia precisar, naquele momento, se haviam concorrido às vagas pelas cotas. Acrescentou que essa checagem estava sendo providenciada pelo ministério. Jamais apresentou uma resposta definitiva. A reportagem foi publicada em um domingo, dia 3 de agosto de 2008, com o título *Vestidos de índios*. No *Correio Braziliense on-line*, disponibilizamos

SANGUESSUGAS DO BRASIL

as gravações de entrevistas com quatro estudantes autodeclarados índios.

No mesmo dia, o ex-presidente da Funai Mércio Gomes postou um comentário sobre a matéria no seu *blog*. Ele afirmou que fez a mesma denúncia ao Ministério da Educação quando era presidente da fundação. Segundo relatou, a coordenação-geral de educação da Funai telefonou para diversas pessoas contempladas e se deu conta de que os estudantes não eram indígenas. Ele disse ter formalizado queixa às secretarias de Educação Superior e de Educação Difenciada do MEC. Ambas teriam reconhecido que o critério de autodeclaração seria impróprio, mas não mudaram as regras. Mércio comentou em seu *blog*: *Dizer que índio é simplesmente aquele que se declara indígena, sem contar sua experiência de vida, é não somente uma fraude intelectual, mas um desvio moral. É o oba-oba da sabedoria de uma antropologia leviana.*

Na terça-feira pela manhã, dia 5, durante uma solenidade, o ministro da Educação, Fernando Haddad, afirmou que o ministério teria interesse em apurar as suspeitas de irregularidades na cota de índios do Prouni, desde que se chegasse a "casos concretos". Ele considerou "difusas" as irregularidades apontadas pela reportagem e negou que o MEC não tenha tomado providências quando recebeu as denúncias, em 2005:

— Isso não é verdade. Tanto que, a partir de 2006, exigimos que fosse especificada a base territorial e a etnia do candidato, justamente com a ajuda do Mércio.

Consegui entrevistar Mércio naquela tarde, por telefone. Informei que o ministro Haddad havia declarado que precisaria de "casos concretos" para apurar as suspeitas de irregularidades. Perguntei se a Funai havia feito alguma denúncia ao MEC. Ele relatou o que fez quando era presidente da entidade:

HISTÓRIA AGORA

— Quando foram anunciadas as primeiras bolsas para povos indígenas, eu pedi à coordenação-geral de educação que checasse quem eram essas pessoas, porque muitos índios haviam dito que não conseguiram entrar. No início, eram poucas bolsas, cerca de 190. Era o que tinha sobrado. Com isso, nós descobrimos que muitas dessas pessoas não eram indígenas. E os índios estavam reclamando que não haviam sido contemplados porque as vagas já tinham acabado. Então, fui ao ministério e falei que esse sistema de autodeclaração deveria ser avalizado pela Funai.

Mércio disse que sua equipe checou cerca de cento e poucas pessoas. Perguntei quantas não eram indígenas.

— A quantidade maior era de não indígenas. Eram pessoas que haviam se declarado porque sempre pode alguém alegar, de boa-fé ou de má-fé, que tem uma bisavó indígena, como 30% da população brasileira efetivamente teria. Mas não é esse o entendimento que se tem no Brasil do que é o indígena. Indígena é alguém que pertence a uma comunidade. Como já dizia Darci Ribeiro, não existe índio genérico no Brasil. O índio genérico, que não tem um povo, que não tem uma cultura, é um brasileiro comum.

Segundo Mércio, houve um "certo diálogo" com o MEC, que prometeu, a partir do ano seguinte, fazer uma avalização das autodeclarações. Ele também comentou que teve uma conversa rápida sobre o assunto com Thomaz Bastos, quando informou que a Funai estava tentando ajudar a resolver o problema. Questionado se deveria ter havido uma investigação das irregularidades já confirmadas, comentou:

— Não interessava à Funai punir quem havia feito isso. Nós não estávamos ali para perseguir ninguém. Isso é baseado na teoria de interpretação equivocada da Convenção 169 da OIT (Organização Internacional do Trabalho) de que a

SANGUESSUGAS DO BRASIL

declaração de ser indígena é fundamental, como se fundamental fosse o único critério.

Em resumo: quem não era índio acabou sendo aceito como se fosse. E mais uma vez ninguém foi punido.

Tupiniquim Lauro Martins em toco no leito de rio seco, na reserva Guarani Caieiras Velhas, no município de Aracruz, no sul da Bahia

10.
AS PAPELEIRAS – TERRAS ARRASADAS

No rastro das primeiras reportagens sobre a indústria de celulose, surgiram novas denúncias a respeito dos estragos causados pela atividade em três estados. As informações chegavam por *e-mail*, com textos e imagens contundentes. Passei a fazer contatos com ambientalistas e acadêmicos principalmente do Espírito Santo, estado onde foram implantadas as primeiras plantações de eucaliptos na década de 1970 e onde havia indícios de problemas graves. Era maio de 2008. Várias fontes faziam relatos da degradação do meio ambiente, com assoreamento de rios e soterramento de nascentes próximas aos "desertos verdes", e da invasão de terras de índios e quilombolas pela Aracruz. A empresa, que também operava no Pampa gaúcho, tinha uma fábrica de celulose em Barra do Riacho (ES) e ocupava cerca de 200 mil hectares com plantações próprias naquele estado. Já com muitas informações e bons contatos, partimos para Vitória no dia 19, uma segunda-feira. O companheiro de viagem era novamente o fotógrafo Carlos Vieira, o Cacá. Naquele dia, conseguiríamos mais dados com ONGs e professores universitários capixabas dedicados ao tema. Na terça-feira partimos cedo para o município de Aracruz, de 80 mil habitantes, fundado em 1891. Mas não fomos para a sede do município. O alvo inicial era a aldeia Tupiniquim Caieiras Velhas. As terras daquela comunidade haviam sido ocupadas pela Aracruz nos anos 1970. Após 20 anos de litígio entre as comunidades indígenas locais e a empresa, o governo brasileiro havia declarado a posse permanente de cerca de dois mil e quinhentos Tupiniquim, Guarani e Comboio sobre uma área de 18 mil hectares. Os Guarani teriam chegado à região no século passado e foram acolhidos pelos Tupiniquim em suas terras. A indústria de celulose sustentava que não haveria mais índios naquela região, mas apenas caboclos e mestiços. Durante o período de litígio entre os indígenas e a empresa surgiram *outdoors* no município com *slogans* favoráveis à papeleira. Um deles dizia: *A Aracruz trouxe o progresso. A Funai, índios.*

Caieiras Velhas parecia mais um povoado de interior, com casas de alvenaria, ruas de terra batida, algumas rocinhas de mandioca, uma enorme caixa-d'água, colégio, centro comunitário. Mas a fisionomia dos moradores não deixava dúvidas: eram indígenas, certamente muitos deles mestiços. O primeiro contato foi com o cacique Vilson Oliveira, principal liderança local. Ele nos levou ao centro comunitário, onde estava sendo realizada uma reunião para cobrar providências da Funai. Eles estavam felizes com a conquista do território, mas haviam recebido de volta uma terra arrasada. A Aracruz tinha levado grande parte da madeira, como estava acertado, mas deixara para trás uma imensidão de tocos de eucaliptos. A sua retirada custaria muito dinheiro. E ainda haveria mais corte. Um dos indígenas, Lauro Martins, de 51 anos, foi destacado para nos acompanhar até a área devolvida. No caminho até o carro, ele nos mostrou no chão o elo de um correntão já enferrujado. Pesava mais de um quilo. Teria sido usado em décadas antes na derrubada da vegetação nativa.

Percorremos dezenas de quilômetros em uma teia de pequenas estradas improvisadas. Havia tocos por todos os lados, muita poeira e pouca sombra. Ele nos levou até o riacho Sossego. Ali, eles costumavam pescar traíras, jundiás e piabas. Mas não havia mais o riacho. A imagem lembrava uma área bombardeada, porque a terra estava descoberta e havia tocos de eucaliptos queimados nas encostas. Enquanto percorríamos o leito seco do córrego, ele foi relatando o que ocorrera naquela região:

— Começaram a derrubar o mato em 1970, com trator na chapada e machado nas encostas. Logo que desmataram, as nascentes começaram a secar. Com a plantação dos eucaliptos, secou tudo.

Com o fim do curso-d'água, desapareceu também a caça.

— Tinha muita queixada, caititu, anta, xororão. Agora, só tem um pouco de veado.

De volta à aldeia, ouvimos novos relatos dos índios mais idosos. Eles contaram que foram expulsos da terra "a laço" décadas antes e acabaram confinados no povoado. O presidente da Associação Indígena, Evaldo Almeida, comentou a dificuldade para acabar com os tocos.

— Se tirar tudo, ficam os buracos. Se colocar veneno, mata o solo e ainda fica a raiz. Isso leva 40 anos para sumir no solo.

Ele também relatou como a Aracruz teria adquirido aquelas terras.

— Os posseiros vendiam. Eles falavam que tinham o documento da terra. Eles (a empresa) forçavam a vender, ninguém tinha conhecimento dos direitos.

Estudo feito pela Universidade Federal do Espírito Santo (UFES) tinha informações mais precisas. O plantio nos territórios indígenas foi iniciado em 1967 pela Vera Cruz Florestal, antecessora da Aracruz Florestal. A fábrica em Barra do Riacho seria inaugurada em 1978, com a presença do presidente Ernesto Geisel. Fotos aéreas feitas em 1970 mostravam que cerca de 30%

do município de Aracruz era coberto por florestas nativas. Em seguida, a vegetação foi substituída por florestas homogêneas de eucaliptos. Fotos anteriores, datadas de 1965, evidenciavam que a maior parte daquela região era coberta por Mata Atlântica. A derrubada da mata fora denunciada em 1971, pelo biólogo Augusto Ruschi,, um dos pioneiros do país na luta em defesa do meio ambiente. Ele testemunhou e descreveu como foram derrubadas espécies nativas: *Continuam as derrubadas, com tratores em paralelo, ligados por correntão, que avançam sobre a floresta virgem e levam tudo de roldão. A cada dia são centenas de hectares. Após um mês, recebem fogo. Logo, com a calagem do terreno (colocação de calcário), vem o plantio do eucalipto.*

Deixamos a comunidade e almoçamos na vila operária, que recebe funcionários da fábrica. A dona do restaurante falou que eles mantinham todos os negócios da vila. Ela estava preocupada com a devolução das terras para os índios e fez um comentário revelador:

— Não são índios, são caboclos.

Passamos pela fábrica em Barra do Riacho para fazer algumas fotos. Havia nas proximidades um cheiro forte de alguma coisa podre, algo como repolho. Fomos até a comunidade Pau-Brasil, dos Guarani. O vice-cacique nos levou até uma aldeia mais distante, onde moravam poucas famílias. No caminho, ele mostrava as terras arrasadas e cheias de tocos.

— Eles têm de indenizar a comunidade. As nascentes secaram, os rios estão secando — lamentava.

Enquanto conversávamos com os moradores, chegou um caminhão-pipa da prefeitura. Não havia água potável na região, porque os riachos estavam secos ou poluídos por agrotóxicos utilizados nas plantações. Depois, o cacique nos mostrou o que restou do rio Sahy. Ele contou que seu pai e seu avô seguiam pelo rio de canoa até o mar.

SANGUESSUGAS DO BRASIL

— Voltavam no dia seguinte, com muito peixe — conta, com um sorriso triste.

O rio estava completamente assoreado, com um palmo de profundidade. Um estreito fio de água seguia pelo meio da mata, até acabar em uma tubulação sob uma estrada vicinal. Outro estudo da área, feito pela Associação Brasileira de Geógrafos, registra que a construção de estradas pela Aracruz na região provocou a interrupção do rio. A sua nascente estava em péssimas condições, sem mata ciliar, com acúmulo de dejetos e pisoteio de gado. Na ponte do Morubá havia emissão de esgoto *in natura* nas águas já turvas. *Não existe mais vida nesse rio. A sua foz está totalmente assoreada*, diz o documento. Já não era mais possível chegar ao mar. O trabalho coordenado pelo geógrafo Paulo Scarim acrescenta que o rápido crescimento urbano da sede de Aracruz produziu grande quantidade de esgoto, que passou a ser despejado sem tratamento nas nascentes dos rios, entre eles o Sahy e o Guaxindiba. A evacuação *in natura* dos esgotos, o desmatamento, o despejo de produtos químicos e a obstrução do leito dos rios por estradas da companhia teriam acabado com a vida daqueles rios e riachos.

A Aracruz reconhece a existência de problemas ambientais na região, mas sustenta que não são os eucaliptos os responsáveis pela redução da vazão dos rios capixabas. As razões seriam as variações climáticas, o desmatamento das cabeceiras dos riachos, o mau uso do solo e a irrigação excessiva. O assoreamento dos rios seria causado pelo desmatamento em suas margens e pelo uso inadequado do solo. Faltou dizer quem desmatou as cabeceiras e margens dos córregos. O riacho Sossego seria um rio intermitente, que seca na estiagem e volta a fluir nos períodos chuvosos.

A empresa confirmou que iniciou a compra de terras em meados da década de 1960, mas sustentou que as propriedades teriam sido adquiridas dos "legítimos proprietários", todos não

HISTÓRIA AGORA

índios. As terras estariam legalmente registradas. Documentos históricos e laudos antropológicos independentes comprovariam que a área teria sido anteriormente devastada pelos ciclos econômicos do café e da extração de madeira. Fotos aéreas tiradas nos anos 1950 mostrariam uma área já devastada e sem vestígios de indígenas. Apesar de todos esses argumentos, a Aracruz comunicou que havia desistido de lutar na Justiça pelas terras por considerar que o melhor para a empresa e os índios seria a busca de uma solução definitiva, por meio de um acordo que desse segurança jurídica a todos.

Deixamos a aldeia Pau-Brasil já no final da tarde, mas ainda visitamos uma eclusa no entroncamento dos rios Riacho e Gimuhuna. Scarim afirmava algo acerca daquele local que parecia um tanto fantasioso. A eclusa teria invertido o curso de um rio para abastecer a fábrica, que consumia muita água. *Como assim, um rio não pode subir ladeira acima*, pensei. Chegando ao local, com o sol já se pondo, fiquei paralisado ao assistir a cena. A água descia pelo Riacho, batia na eclusa, dobrava à direita e subia pelo afluente Gimuhuna, invertendo o seu curso. A água subia rio acima, com a ajuda de bombas de sucção. Nem mesmo o realismo fantástico de García Márquez criaria aquela cena. Em vez de descer em direção ao mar, as águas dos dois rios seguiam para as caldeiras da fábrica. Mas não era apenas isso. Para ampliar a produção de celulose, com a implantação da terceira fase da planta industrial, foi necessária uma quantidade maior de água. Em 1998, a empresa aproveitou uma transposição do rio Doce, de domínio federal, sem realizar estudo de impacto ambiental. Com a utilização de antigos canais de dragagem, a água chega até o rio Riacho, seguindo depois para a fábrica. Antes disso tudo, a Aracruz já havia represado cinco pequenos rios para abastecer a sua fábrica. Eles morrem em uma represa. Após a barragem, há um leito de rio seco, chamado de Vale da Morte. A água represada é

SANGUESSUGAS DO BRASIL

consumida pela fábrica. Depois, os dejetos já tratados são jogados no mar por meio de um emissário submarino a mil e setecentos metros da praia.

A Aracruz trata da questão com eufemismos. Primeiro, nega que tenha represado os seis rios. *Não são represas, são reservatórios de água,* diz. Sobre a transposição do rio Doce, sustenta que *não houve transposição e sim adução.* A empresa afirma que, em virtude do baixo impacto ambiental, foi necessária apenas uma declaração de impacto ambiental, que seria um EIA-Rima simplificado. Licenciada pela Secretaria Estadual de Meio Ambiente, a obra teria sido declarada de utilidade pública, porque atenderia prioritariamente à comunidade da região. Na época da construção da eclusa, entre 1970 e 1975, não havia exigência do estudo de impacto ambiental. A Aracruz acrescenta que todo o sistema de abastecimento de água está inserido na licença de operação da fábrica.

Aquela terça-feira foi longa. Mas ainda dormiríamos em São Mateus, perto da divisa com a Bahia. O hotel era modesto, mas tinha uma boa piscina. Deu tempo para tomar chimarrão na varanda. Na manhã seguinte, fomos atrás das comunidades quilombolas em Conceição da Barra, pertinho dali. Era tão perto, que passamos direto, seguindo até a divisa com a Bahia. Voltamos e encontramos a casa do líder da comunidade Angelin 2, Domingo Firmiano dos Santos, o Chapoca, de 48 anos, na beira da estrada. Ele estava trabalhando por perto no seu forno de carvoaria, abastecido com "fachos" (restos de eucaliptos). Fomos até a sua casa e ouvimos a história da sua gente. Eles teriam perdido as suas terras para a Aracruz quase 40 anos antes.

— Isso aconteceu no início da década de 1970. Mais de 95% do pessoal era analfabeto, não conhecia seus direitos. Chegou aqui um militar, conhecido como tenente Merson. Ele vinha fardado. Seduziu um negro comerciante de Conceição da Barra

Tupiniquim Lauro Martins em toco no leito de rio seco, na reserva Guarani Caieiras Velhas, no município de Aracruz, no sul da Bahia

Fábrica Aracruz Celulose

chamado Pelé, que fazia negócios com a comunidade. Esse negro fazia os primeiros contatos. Depois, vinha o tenente Merson.

Chapoca começou a narrativa falando pausadamente, muito tranquilo. Mas foi aos poucos se emocionando. Ele explicou que aquelas terras eram devolutas (de propriedade do estado), mas muitos tinham título de propriedade.

— Se o morador tinha título, eles tentavam comprar. Se não queriam sair, eles expulsavam ou pagavam um preço simbólico. Diziam que a gente tinha de sair porque a empresa (Aracruz) precisava das terras para desenvolver a região. Eles faziam terrorismo. Quando não vendiam, ele falava que ia prender. Era a época da ditadura militar — desabafou o líder quilombola, já bastante agitado.

Eles agora viviam na beira de estradas ou em pequenas chácaras. Sobreviviam com a renda das casas de farinha, atividade tradicional, e da queima dos fachos. Muitos deles eram cadastrados pela empresa para recolher os galhos das árvores, que não eram utilizados na produção de celulose. O material ia para as pequenas carvoarias deles mesmos. Pedi para acompanhar aquela estranha coleta. Chapoca nos levou até um grupo que trabalhava perto da comunidade Linharinho e avisou que alguns deles estavam ali clandestinamente.

Sob um sol escaldante, a líder comunitária Miúda, de 49 anos, trabalhava no mesmo ritmo dos homens. Rosto coberto por um pano, ela suava muito. Parou um pouco e falou das suas dificuldades.

— A gente planta mandioca e faz farinha, mas não dá pro sustento da família. Então, a gente entrava e pegava os restos. Aí, eles criaram um cadastro de catadores, mas não dá pra todos porque entrou muita gente de fora da comunidade.

Chapoca também se preocupava com a degradação ambiental. Andamos um pouco pelas redondezas e ele mostrou uma lagoa e

SANGUESSUGAS DO BRASIL

dois riachos secos entre as plantações. De tempos em tempos passava uma carreta de vários eixos carregada de toras. Ele comentou:

— O eucalipto chupa muita água. Tá tudo seco. Mas, a gente vai conquistar a nossa terra e recuperar as nascentes, a mata nativa — prometia, animado.

Fomos até a carvoaria de São Domingos. Jorge Brandino, de 53 anos, lamentava a escassez de madeira.

— Eles não deixam a gente pegar fachos. Eles vigiam, alguns dos nossos já foram presos, mas a gente não vai passar fome.

Brandino serrava algumas toras com cerca de 20 centímetros de diâmetro. Pergunto, ironicamente, se aqueles "fachos" não estariam muito grossos. Chapoca intervém:

— A gente entra e pega mesmo. Ninguém vai passar fome. Isso aqui é nosso.

No final do ano anterior, oito negros foram presos enquanto colhiam fachos. Foram soltos após uma manifestação de aproximadamente 100 quilombolas em frente à delegacia de polícia. Enquanto andávamos por aquelas terras, observei uma longa extensão da floresta queimada, com os caules pretos. Foi um incêndio provocado em forma de protesto. O clima estava tenso na região.

Quando retornei a Vitória, procurei entender melhor o processo de ocupação das terras daquela região décadas antes, um período em que ainda havia muitas terras devolutas. Recebi outra informação que parecia improvável, assim como a inversão do curso do rio Gimuhuna. A Aracruz havia comprado boa parte das suas propriedades em nome de funcionários, que teriam sido utilizados como "laranjas". Em seguida, eles teriam passado o título dessas propriedades para a empresa. A história lembrava o caso da Stora Enso no Rio Grande do Sul, que criara uma empresa "nacional" em nome de diretores seus para comprar terras na faixa de fronteira. Anos depois, essas propriedades passariam para as mãos da multinacional. Parece que a situação havia se repetido, com algumas variações, depois de 40 anos. Após vários contatos, encontrei, nas mãos de um professor universitário, cópias de registros de 30 dessas propriedades. Havia o registro da compra de cada uma delas e, pouco tempo depois, a transferência da propriedade para a Aracruz Celulose.

Andei mais e tive acesso aos arquivos de uma CPI da Assembleia Legislativa que havia investigado, em 2001, suspeitas de irregularidades em licenças ambientais concedidas à Aracruz. A investigação não foi conclusiva, como era de se esperar, mas depoimentos prestados por antigos funcionários da empresa eram contundentes. O ex-funcionário Orlindo Bertolini fizera requerimento para aquisição de 997 hectares em São Mateus. Ele contou aos integrantes da CPI onde foram parar essas terras.

— Eu tinha consciência de que as terras seriam requeridas em meu nome para passar, depois de legalizadas, para a Aracruz Celulose, para uso de reflorestamento de eucalipto.

A declaração do ex-funcionário Ivan Andrade Amorim seguia a mesma linha.

— A empresa me pediu e não hesitei, porque era um pedido da empresa. Titulei, mas nada recebi. Outorguei a escritura para a empresa.

Com base nesses depoimentos, 13 entidades e associações de trabalhadores do Estado haviam feito uma representação ao Ministério Público Federal em 2004. Eles pediram a investigação da legalidade das aquisições de terras feitas pela empresa por intermédio de funcionários. A representação citava 65 áreas requeridas por 30 empregados da companhia. Ao todo, teriam sido "legitimados" 13 mil hectares. Dessa vez, a Aracruz não tentou negar os fatos. Disse que as terras foram adquiridas de acordo com a legislação da época e que a utilização de nomes de funcionários teria sido apenas *um recurso para atender aos apertados prazos do Plano Nacional de Desenvolvimento*. A empresa alegou "boa-fé", tanto que fazia constar no processo de legitimação que as áreas destinavam-se ao seu programa de reflorestamento. E confirmou que pagou pelas terras compradas pelos seus funcionários. Outras empresas, além da Aracruz, teriam feito o mesmo.

Quando ainda estávamos em Conceição da Barra, após conversar com os quilombolas durante horas, passamos na prefeitura. A cidade é conhecida como o melhor balneário do litoral norte do estado. Município antigo, fundado em 1891, conta com pequenas igrejas e casarões bem cuidados à beira-mar. O maior problema nos últimos anos era a erosão na beira da praia, que derrubava calçadões, ruas e até casas. Mas nada disso nos interessava naquele momento. O que importava era que o município apresentava uma das maiores concentrações de florestas de eucalipto no estado. O prefeito não quis dar entrevista, mas escalou dois secretários para nos atender. Após uma longa espera e muito cafezinho, fomos recebidos em uma sala apertada pela secretária de Agricultura, Gisani Baldotto. Como estava com pressa, perguntei logo qual a área do município ocupada por eucaliptos. Ela respondeu secamente:

— Sessenta por cento do território (que totalizava 104 mil hectares).

Era mais do que eu poderia imaginar. Tentando quebrar o gelo, perguntei quantos empregos diretos e indiretos a atividade gerava no município. Os prefeitos da região gostam de falar disso.

— Nenhum — respondeu a secretária.

— Como assim nenhum? — questionei.

— Nem um — repetiu, dessa vez pausadamente.

Ela explicou que o corte de eucaliptos é mecanizado e é feito por empresas terceirizadas de São Mateus. Sobrava trabalho só para vigias, também de fora. Pedi para falar com o secretário de finanças, para pegar dados sobre impostos gerados. O secretário Djalma Cosme nos recebeu com a guarda aberta. Questionei a ocupação de uma área tão grande do município por uma atividade que não gera empregos locais.

— A riqueza é realmente produzida aqui, mas gira em outros municípios. Isso enfraquece o comércio, a cadeia produtiva não gira. A empresa grande ganha o dinheiro e vai gastar lá na "Cochinchina".

Mas ele não responsabilizava as empresas Aracruz e Suzano por isso.

— Não é culpa deles. Nós é que não nos preparamos para mexer com eucaliptos. O que está errado é essa concentração de terras nas mãos de poucos. Mas é um erro do passado. Isso tem 30 anos.

No município de Aracruz, a empresa do mesmo nome ocupava 40% do território, incluindo as instalações da fábrica, represa e reservas naturais. A única queixa era o mau cheiro.

— O odor atrapalha sim. As emissões estão dentro das normas, mas incomoda sim — comentou o secretário municipal do Meio Ambiente, Válber Camperes.

As plantações da Aracruz ocupavam cerca de 200 mil hectares no estado, incluindo as terras de terceiros. O faturamento anual era de 2 bilhões e 800 milhões de reais, com um lucro líquido de 750 milhões. Mas esse lucro certamente não ia parar na Cochinchina (assim foi chamada um dia a região sul do Vietnã). Os impostos e contribuições pagos somavam 208 milhões de reais. Assim como no Sul, ali também estavam azeitadas as relações da empresa com os políticos. As contribuições a candidatos do estado nas eleições de 2006 haviam somado seis milhões e meio de reais. Estamos falando de doações oficiais, registradas na Justiça Eleitoral. Toda a atividade gerava cerca de 12 mil empregos diretos e indiretos. Um bom número para o estado, mas muito aquém das 800 mil vagas anunciadas pelo governo do Rio Grande do Sul.

SANGUESSUGAS DO BRASIL

Não havia dúvida de que a indústria da celulose avançava com vento em popa no país e no mundo. Em setembro de 2008, porém, a crise econômica internacional desencadeada pela falência do banco americano Lehman Brothers abalou as papeleiras. Elas não tinham a solidez que anunciavam. Como atuavam no mercado de *comodities*, viram o preço de seu produto despencar no mercado mundial. Aracruz, Votorantim e Stora Enso partiram para um ajustamento que passou pelo corte de investimentos, demissões, fechamento de novas vagas e suspensão do plantio nos anos seguintes. A Aracruz foi atingida em cheio. A empresa perdeu dois bilhões de dólares em derivativos — um negócio muito lucrativo e extremamente arriscado. Conseguiu renegociar a dívida no prazo de nove anos, mas precisou passar por uma alteração do quadro societário. Aracruz era, na verdade, um nome fantasia. A maior parte das ações da empresa era dividida em partes iguais entre a Votorantim, o Banco Safra e o grupo norueguês Lorentzen. Cada um tinha 27% do negócio. O BNDES tinha mais 12,5% das ações.

Na reengenharia financeira, a Votorantim ficou com 29% das cotas da empresa. O governo federal manteve o hábito de socorrer grandes grupos econômicos em dificuldade. O BNDESPAR ampliou a sua participação para 30%. Restaram, ainda, 40% das ações livres para negociação no mercado (*free float*). A Aracruz ganhou um novo nome — Fibria — mas continuou com dificuldades para tocar novos investimentos. Sem dinheiro para ampliar a fábrica de Guaíba (RS), acabou repassando o empreendimento para a pasteira chilena CMPC em outubro de 2009. Junto, foram entregues aos gringos cerca de 200 mil hectares de terras no Rio Grande do Sul. A Fibria assumiu também o projeto Losango/Votorantin na Zona Sul do estado, aquele que prometia gerar 30 mil empregos. Em maio de 2011, ano em que prometia inaugurar a sua fábrica, a papeleira admitiu que poderia se desfazer daquele projeto para priorizar os investimentos em sua planta em Três Lagoas (MS). A empresa comemorava a redução de sua dívida líquida de quase 11 bilhões para cerca de oito bilhões de reais no último ano. A maior parte dessa redução fora resultado, na verdade, da venda de uma fábrica e de uma distribuidora de menor porte. Mas o que fazer com os 55 mil hectares de eucaliptos já plantados no sul do Rio Grande? A Fibria estudava três alternativas em setembro daquele ano: a efetivação de parcerias, a formação de *joint ventures* ou a simples venda de suas florestas no estado. A fábrica não chegou a sair do papel.

No oeste do estado, a Stora Enso vivia o mesmo dilema. A sua fábrica de celulose também não havia saído das pranchetas, embora a empresa já tivesse comprado 46 mil hectares de terras e ocupado cerca de 21 mil com eucaliptos. Perguntei à empresa o que seria feito dessa madeira. Em setembro de 2011, o agora vice-presidente de Comunicação, Otávio Pontes, respondeu que as plantações estavam devidamente registradas e autorizadas pela legislação brasileira. A empresa estaria estudando, internamente, a utilização que seria dada àquela madeira, que teria várias finalidades. Como não falou da fábrica, insisti em mais detalhes sobre os planos da multinacional, agora bem menos ambiciosos. Pontes acrescentou que aquele material poderia ter diversos fins, além da produção de celulose branqueada. Poderia ser utilizada em painéis de madeira, biomassa etc. Na verdade, a prioridade da Stora Enso no Cone Sul passou a ser a fábrica de celulose que seria instalada às margens do rio da Prata, no departamento de Colônia, no Uruguai, em sociedade com a chilena Arauco. As duas empresas já contavam com cerca de 110 mil hectares de eucaliptos no país vizinho e tinham comprado recentemente mais 130 mil da espanhola Ense, que havia desistido dos seus negócios na região. Os investimentos previstos na fábrica somavam quase dois bilhões de dólares. Eles prometiam inaugurar a planta industrial em 2013. Promessa que os gaúchos ouviram cinco anos antes. E acreditaram.

As terras dos índios Tupiniquim e Comboio, antes ocupadas pela Aracruz no Espírito Santo, foram finalmente homologadas pelo governo federal em novembro de 2010, com os 18 mil hectares já reconhecidos em 2007. Mas a luta dos quilombolas capixabas pelas suas terras continuava em marcha lenta em setembro de 2011. Ninguém havia conseguido título de propriedade. O processo mais adiantado era o de São Domingos, com possibilidade de sair em pouco tempo a portaria de reconhecimento do Incra. O relatório de identificação e delimitação de Angelin foi declarado insatisfatório. E não havia antropólogo para elaborar um novo trabalho. O caso ficou pendente por quatro anos. O processo sobre Linharinho foi arquivado por decisão judicial. Naquele ano, os quilombolas estavam incluídos no Programa de Segurança Alimentar do governo federal. Essas populações viviam com os maiores índices de insegurança alimentar do país. E continuavam vivendo de sobras de eucaliptos.

Trem transporta brita no pátio da empreiteira SPA na Ferrovia Norte-Sul

11.
FERROVIA DE FRAUDES

Superfaturamento e conluio entre empreiteiras não eram mais novidade na construção da Ferrovia Norte-Sul, empreendimento gigantesco que nasceu manchado pelas fraudes, ainda no governo Sarney. Mas, surgiria um novo tipo de irregularidade em novembro de 2009. O governo não sabia exatamente quais empreiteiras estavam executando vários serviços no trecho de 284 quilômetros entre Uruaçu e Anápolis, em Goiás, orçado em 778 milhões de reais. Nem mesmo os órgãos de controle tinham essa informação. Uma auditoria do Tribunal de Contas da União dizia, em duas linhas, que a execução de serviços era realizada por empresas distintas das contratadas, sem prévia autorização de subcontratação pela Valec, algo vedado pelo contrato. Havia também indícios de superfaturamento nesse trecho, mas isso não era mais notícia. Teve início, então, uma inusitada caça a empresas fantasmas no maior projeto ferroviário do país, com orçamento de quase oito bilhões de reais.

Tentei obter a íntegra da auditoria do TCU, que contém muito mais informações do que o relatório publicado na sua página na internet. Mas, não havia mais dados disponíveis sobre as tais empresas. Consegui, então, um contato com a representação do tribunal em Goiânia. O auditor que havia coordenado a fiscalização confirmou que vários trechos realmente não eram tocados pelas empreiteiras que haviam vencido as licitações. Tentei saber o nome dessas construtoras.

— Eu também não sei — lamentou o auditor.

Perguntei como ele sabia, então, que havia casos de subcontratação.

— Eu visitei os cinco trechos. Em vários deles, observamos operários com macacões que traziam o logotipo de empresas que não estavam no contrato.

Ele solicitou, então, o nome dessas empresas subcontratadas à Valec, estatal responsável pela execução da obra, mas não foi atendido. Como tinha voltado à estaca zero, passei a procurar informações na Controladoria Geral da União sobre possíveis casos de subcontratações na Norte-Sul. Uma fonte me passou uma auditoria no trecho entre Aguiarnópolis e Palmas, no Estado de Tocantins, que citava casos semelhantes aos verificados no trecho goiano. A CGU registrou que as subcontratações nos lotes de números sete e oito, sem autorização da Valec, caracterizavam a precariedade da fiscalização, tendo em vista que não havia registro do repasse do contrato e, muito menos, quais teriam sido os serviços executados. As subcontratações sem registro formal pareciam ser, portanto, uma irregularidade recorrente na obra. Segui analisando os documentos e me lembrei que um dos lotes, entre Uruaçu e Santa Isabel, havia sido citado em um inquérito da Polícia Federal no ano anterior. Era a Operação Boi Barrica. Eu mesmo havia feito uma reportagem acerca do fato. A empreiteira Constran teria repassado uma parte dos serviços para as empreiteiras EIT e Lupama, essa última pertencente a Flávio Barbosa Lima e Gianfranco Perasso, amigos do empresário Fernando Sarney, filho do então presidente do Senado, José Sarney. Mas a pequena construtora teria servido apenas como fachada, porque não teria porte para realizar o serviço, dizia o inquérito. Diante de tantos rolos, decidimos fazer uma visita de surpresa aos canteiros no trecho de 280 quilômetros entre Uruaçu e Anápolis.

A primeira fraude na Norte-Sul fora revelada em maio de 1987, quando o jornalista Jânio de Freitas, da *Folha de S.Paulo*, mostrou que o resultado da primeira licitação para a obra, aberta cinco dias antes, fora fruto de um conluio entre as vencedoras dos 18 lotes. Desde então, a ferrovia esteve sob a lupa dos órgãos de fiscalização e controle e da imprensa. As irregularidades foram novamente aparecendo com a retomada da construção no governo Luiz Inácio Lula da Silva. Essa parece mais uma maldição da administração pública: onde há muito dinheiro, geralmente há corrupção. Em novembro de 2008, seria descoberta outra fraude que lembrava muito a primeira denúncia feita 21 anos antes. O TCU apontara um sobrepreço de 516 milhões de reais em 16 lotes investigados em território goiano. Isso representava 22% do valor total daquele trecho. Novamente havia indícios claros de conluio entre empresas. A falta de competitividade fora evidenciada pela apresentação de propostas com descontos irrisórios. O trecho da empreiteira SPA, por exemplo, tinha apenas 0,06% de deságio. O desconto médio era de 0,9%, *índice impensável em ambiente de real competição*, escreveu o ministro-relator, Valmir Campelo. O tribunal determinou o corte de 10% nos pagamentos futuros.

A mesma retenção de pagamento fora determinada também no trecho Uruaçu-Anápolis, por causa de indícios de superfaturamento. Só que desta vez duas construtoras não aceitaram o corte nas faturas e pararam as máquinas durante meses, provocando ainda mais atraso no projeto. Procurei mais informações com a Valec, mas foi perda de tempo. A página da estatal na internet apresentava uma obra virtual.

Já no trecho entre Uruaçu e Anápolis, cujas obras estão mais adiantadas, a conclusão deverá ocorrer no final de 2009, dizia o *site*. Uma mentira de pernas curtas. Com os dados preliminares em mãos, partimos cedo para Uruaçu naquela terça-feira, dia 4 de novembro. Foi escalado para a pauta o fotógrafo Ronaldo Oliveira, um velho companheiro de pautas da Norte-Sul. Demoramos mais tempo que o esperado, quase três horas, para percorrer cerca de 250 quilômetros. Chegamos e fomos direto ao escritório da Valec, onde pedimos para falar com o engenheiro residente. Era Francisco Miranda, um carioca bonachão, cheio de marra. Recostado a uma cadeira atrás da mesa de trabalho, ele perguntou que tipo de informações nós buscávamos. Informei que era uma matéria a respeito da importância do empreendimento para a região e perguntei sobre o andamento do trecho sob sua responsabilidade, até Santa Isabel, com 105 quilômetros. Ele disse que a execução estava em apenas 23% e foi logo apresentando justificativas:

— As obras tiveram início seis meses após a ordem de serviço, e as chuvas também atrapalharam.

Perguntei se naquele trecho haveria empresas subcontratadas. Ele confirmou a informação, mas fez uma ressalva:

— Eu não quero nem saber quem são. Eu trato é com a construtora (Constran). Ela contrata a empresa e paga. Nós medimos os serviços e pagamos.

Questionado se esse procedimento estaria correto, ele comentou:

— Já trabalhei em Portugal. Lá, tinha de saber tudo da subcontratada, ver toda a documentação. Aqui é mais frouxo.

Aquilo não era exatamente uma novidade. Mas ainda tínhamos outro assunto para tratar. Lembrei a Miranda que aquele trecho esteve sob suspeita porque a Constran teria feito uma subempreitada para a empreiteira Lupama. Ele ficou quieto por um momento, mas logo fez uma revelação:

— A Polícia Federal baixou aqui em julho. Desceram de helicóptero no canteiro. Pediram documentos, mexeram nos computadores. Entreguei tudo o que pediram. Aqui, não tem nada para esconder. Até hoje não sei o que foi apurado.

Não falei tudo o que sabia, para não atrapalhar a visita às obras. Expliquei que precisava fazer umas fotos e pedi autorização para entrar nos canteiros. Como a ferrovia ainda tinha trechos interrompidos pelo meio dos campos, pedi para ele ceder um guia. Foi destacado um funcionário de uma empresa responsável pela fiscalização dos serviços.

— Em uma hora estamos de volta — prometi.

A visita demorou três horas. Ao longo do caminho alternativo ao lado do aterro encontramos máquinas de terraplanagem agrupadas e estacionadas. Aqueles serviços seriam interrompidos nos próximos meses por causa da temporada de chuva. Isso implicaria mais atraso no cronograma. Teria continuidade, em ritmo lento, aproveitando os períodos de estiagem, apenas a construção de bueiros, de passagens e da ponte sobre o rio das Almas, onde estivemos. Ainda perto da cidade encontramos um enorme buraco em um aterro. O desmoronamento teria sido causado pelas chuvas e pela falta de manutenção do que já estava pronto, informaram alguns operários. Durante a visita, em conversas com supervisores, peões e engenheiros, apuramos que três empresas estavam subcontratadas naquele trecho: a CCO, a Construtora Marques e a Vitória. Essa última havia construído um bueiro sem seguir as especificações do projeto executivo. Se ficasse daquele jeito, não suportaria o peso do aterro e das composições. Na volta ao escritório, Miranda confirmou o incidente com o bueiro.

— Mandei quebrar e fazer de novo.

Mas ele ficou contrariado com a nossa demora.

— Eu, malandro carioca, acreditei que seria rapidinho. O cara me enrolou mesmo — comentou com os colegas.

O resultado da operação da Polícia Federal apareceria apenas em abril de 2011. O Ministério Público Federal em Goiás apontou

Trecho de terraplanagem com erosões, em Uruaçu (GO)

Paralisação das obras na Ferrovia Norte-Sul, em Goiás, no Trecho Uruaçu-Anápolis

a existência de licitação viciada e superfaturamento que resultou em desvio de 92 milhões de reais naquele trecho. O procurador Hélio Telho ajuizou ação de improbidade administrativa contra o então presidente da Valec, José Francisco das Neves, e mais dois altos funcionários da estatal. As empresas Constran, EIT e Lupama foram apontadas como beneficiárias do esquema. Com base em escutas telefônicas autorizadas pela Justiça, o procurador afirmou que ficou comprovada, *com nitidez, a existência de consórcio clandestino.* Ele concluiu que a subcontratação das empresas foi a forma encontrada para concretizar o superfaturamento. A Lupama teria aderido ao consórcio como pessoa jurídica de fachada, apenas para dar forma jurídica, contábil e fiscal ao desvio do butim.

Em meados de setembro de 2011, porém, a 6ª Turma do Superior Tribunal Superior de Justiça (STJ) anulou as provas colhidas durante a Operação Boi Barrica, da Polícia Federal, que investigou suspeita de crimes cometidos por integrantes da família Sarney. Os ministros daquela turma consideraram ilegais as escutas telefônicas feitas durante as investigações. Com isso, ficaram prejudicadas também as provas resultantes das quebras de sigilos bancário e fiscal. Hélio Telho considerou que esses fatos não prejudicaram totalmente a denúncia feita no caso da Ferrovia Norte-Sul, porque o superfaturamento da obra fora comprovado por perícia criminal, a partir da análise do processo licitatório e dos contratos. Assim, estariam mantidas as provas que comprometem os funcionários da Valec e a empresa Constran. Mas Telho admitiu que as provas contra as empresas EIT e Lupama estavam prejudicadas naquele momento. Assim, os amigos da família Sarney poderiam ficar livres das acusações. O Ministério Público Federal ainda estudava um recurso à decisão do STJ.

Voltemos àquele início de tarde em Uruaçu, dia 4 de novembro, após a visita ao canteiro da ferrovia. Fazia um calor intenso. Ainda encontramos um restaurante *self service* aberto. A carne estava passada, seca, mas a salada e o feijão tropeiro compensaram. Comemos com calma e rumamos para o canteiro de Santa Isabel, já sem a ajuda do guia, atrás do bueiro que havia sido reconstruído. Não o encontramos. Na volta, tivemos de andar em ritmo de *rally*, para alcançar uma balsa e não ficarmos ilhados. Depois, seguimos pela BR-153 e paramos para dormir em Ceres, em um hotel bem confortável. Pausa para o único chimarrão daquele dia.

Na manhã seguinte iríamos ao pátio de Jaraguá, onde a Andrade Gutierrez tocava o trecho de 71 quilômetros até Santa Isabel. Tivemos a sorte de encontrar o engenheiro Luiz Gonzaga Mendonça, da empresa de supervisão STE Engenharia, um homem bastante franco, transparente. Ele nos recebeu no canteiro de obras, em uma daquelas casinhas de madeira desmontáveis, apertadas e sem conforto. Mas não escondeu nada. Quando perguntei se a empresa trabalhava com subempreitadas, ele confirmou, e fez revelações que evidenciavam o quanto a Valec estava desinformada:

— Para nós, é a Andrade Gutierrez que está trabalhando. São os responsáveis pela obra, independentemente de quem executa. São todos (os peões das terceirizadas) uniformizados pela Andrade. Mas não sabemos quais são. Documento nenhum chega a nós.

Ele informou também que a Andrade havia conseguido na Justiça, 15 dias antes, a derrubada da retenção cautelar aprovada pelo TCU. A empresa já estava fazendo a mobilização do canteiro para retomar a construção. Mendonça criticou a decisão do tribunal, que havia resultado na suspensão dos trabalhos.

— A paralisação causa ainda mais prejuízo aos cofres públicos — argumentou.

Depois da conversa no escritório, ele nos levou, em sua caminhonete, um veículo confortável e preparado para qualquer terreno, para visitar construções que estavam mais avançadas, como pontes, aterros, passagens e uma fábrica de dormentes. Encerrada a visita, no início da tarde, almoçamos em uma churrascaria às margens da estrada, na saída de Jaraguá. Em seguida, seguimos pela BR-153 e por uma estrada estadual até o pátio de Ouro Verde. Os trabalhos estavam muito atrasados no trecho de 52 quilômetros de Jaraguá até aquele ponto. O engenheiro da Wheily Freitas nos recebe no escritório da Valec e apresenta números pouco animadores. O orçamento para aquela etapa era de 126 milhões de reais, mas a empresa Camargo Corrêa havia feito apenas oito quilômetros de desmatamento, implantado outros nove de cercas de arame e construído somente seis dos 180 bueiros previstos. Visitamos um deles, no meio de um descampado, sem nenhum sinal de serviços de terraplanagem por perto. Deixamos o carro na estradinha de terra e caminhamos um quilômetro até o bueiro. A execução daquele lote estava em apenas 7,4%, um ano e três meses após o início dos serviços, informou o engenheiro. Como o ano estava terminando, evidentemente que a Valec sabia ser impossível fazer a inauguração no prazo anunciado em sua página na internet. Um engenheiro da empreiteira afirmou que o atraso ocorrera porque a Valec teria demorado a entregar o projeto executivo, que especifica os detalhes da construção. Perguntei a Freitas se ele tinha conhecimento de subcontratações naquele trecho, mas ele deu uma resposta convincente:

— Por enquanto, não temos obras aqui.

O trecho entre Ouro Verde e Campo Limpo, de apenas 40 quilômetros, também tocado pela Camargo Corrêa, era o mais adiantado. O canteiro ficava em Campo Limpo, bem perto de Anápolis, mas nenhum funcionário da Valec quis falar. Fizemos uma "vistoria" no que já estava concluído: pontes, bueiros, cortes e aterros. Toda a parte de infraestrutura estava pronta, mas faltavam os trilhos, o que facilitou o nosso deslocamento. Ali acontecia um fato curioso — a ferrovia era utilizada apenas por carros e pedestres. O lavrador Roberto Rodrigues seguia tranquilamente sobre o aterro, que servia como atalho até a fazenda de um primo, onde trabalhava como diarista. Depois de voltar a Brasília, entendi porque os trabalhos estavam tão avançados naquela etapa. Eles tiveram início em 2002, ainda no governo Fernando Henrique Cardoso. Após várias e longas interrupções, a construção fora retomada em 2007 com a injeção dos recursos do Programa de Aceleração do Crescimento (PAC).

A situação mais impressionante, porém, nós encontraríamos em Anápolis. Em um trecho de apenas 12 quilômetros, sob responsabilidade da Queiroz Galvão, haviam sido subcontratadas 11 empresas. Até mesmo os serviços mais importantes como a terraplanagem, os aterros, pontes e túneis estavam terceirizados. Nesse caso, pelo menos, o TCU sabia o nome dessas empresas. Já no final da tarde, fui ao canteiro de obras, que estava fechado. O vigia informou que as máquinas estavam paradas. Fizemos fotografias e vídeos, principalmente do túnel. Atravessamos a avenida e percebemos que ele estava inundado, formando um piscinão. Já era noite quando procuramos e encontramos um hotel com preço módico. Pelo menos na recepção tinha TV a cabo. Pude assistir ao jogo entre o Grêmio e o São Paulo, tomando chimarrão, é claro. Lembro que o Borges, na época atacante do time paulista, fora expulso por jogo violento.

Acordamos cedo e corremos para o escritório da Valec, na Avenida Brasil, um sobrado com instalações razoáveis. O responsável era o engenheiro Francisco Amorim. Ele nos recebeu em uma sala ampla e bem arejada. Questionado sobre as subcontratações, confirmou tudo, embora tivesse críticas ao procedimento.

— Atualmente, as grandes empreiteiras estão fazendo terceirização. É o modelo americano. Sou contra. Aqui, eles subempreitam quase tudo. A Queiroz Galvão fica fazendo só o gerenciamento da obra. Nosso contato é com eles.

Ele comentou que teria dado "tudo certo" naquele trecho porque foram subcontratadas empresas de porte. Questionei, então, sobre o alagamento no túnel de 460 metros, um serviço realizado pela terceirizada Sotrel. Ele informou que as escavações bateram em uma nascente. Houve inicialmente a dragagem da água, mas isso não resolveu o problema. A construtora decidiu, então, abrir poços profundos para rebaixar o lençol freático e parar o vazamento, o que deveria ficar pronto em três meses. Até lá, os serviços teriam de ficar paralisados.

Mas não era aquele o único problema com as subcontratadas. Amorim revelou que a Camargo Corrêa vinha tendo prejuízos porque havia contratado empresas pequenas, sem estrutura para cumprir os contratos.

— Eles contrataram empresas "gatos". Houve muitos processos por causa de empresas pequenas que não cumpriram os serviços e abandonaram a obra sem pagar os funcionários. Ainda ontem passei quatro horas no fórum, porque a Valec foi acionada na Justiça — lamentou.

Perguntei como funcionava exatamente esse processo e quem havia indicado as empresas subcontratadas.

— Em alguns lotes, dizem que essas empreiteiras têm indicações políticas, não por parte da Valec, mas sim pelas empresas que venceram a licitação.

O engenheiro aceitou gravar uma entrevista em vídeo e repetiu tudo o que havia dito antes. As declarações foram veiculadas no *Correio Braziliense on-line*, mas não tiveram repercussão política alguma nem resultaram em ações dos órgãos de controle. Estávamos na reta final do governo Lula, com o PAC andando a todo vapor, e a oposição parecia anestesiada. Indicações políticas para a realização de obras públicas eram tratadas como coisas normais, aceitáveis.

Após vários adiamentos, a última previsão para a inauguração do trecho Anápolis-Uruaçu era em meados de 2012, com dois anos de atraso. Bem antes disso, em julho de 2011,

SANGUESSUGAS DO BRASIL

o presidente da Valec cairia do cargo após uma sequência de denúncias de desvio de recursos, superfaturamento e sub-contratações irregulares na Ferrovia Norte-Sul. Já estava eleita a sucessora de Lula.

Crescimento da produção de eucalipto. Maciços de eucaliptos e ao fundo a Fábrica Veracel no sul da Bahia

12.
PAPELEIRAS –
O JUÍZO FINAL

Nas andanças pelo Espírito Santo atrás dos negócios da Aracruz, recebi informações acerca dos estragos causados pelas papeleiras no sul da Bahia, que também estava tomado pelas plantações de eucalipto. Fiz contatos com entidades ambienalistas da região e levantei informações preliminares. Estávamos em meados de agosto. As denúncias eram as mais variadas: ocupação de áreas de indígenas, concentração excessiva de plantações em alguns municípios, êxodo rural, poluição de rios, soterramento de nascentes, destruição de praias. A maior das fábricas seria a Veracel, resultado de uma associação da Aracruz com a multinacional Stora Enso. Tinha ainda uma planta industrial da Suzano em Mucuri. A chefe de redação, Ana Dubeux, concordou que seria interessante fazer uma terceira etapa da série *O preço da devastação*. Decidi sediar a operação em Porto Seguro, que ficava no ponto central da região e contava com aeroporto que recebia aviões de carreira.

Chegamos à cidade no domingo à tarde, para ganhar tempo. O fotógrafo Carlos Vieira estava mais uma vez na equipe. Em um

HISTÓRIA AGORA

período de baixa temporada, conseguimos uma pousada confortável um pouco afastada do centro, à beira da praia. Ainda pude assistir à partida entre Grêmio e São Paulo, no Olímpico, tomando o meu chimarrão. Vencemos. Na manhã seguinte, 18 de agosto, levantamos às 6, tomamos café e fomos ao município vizinho de Santa Cruz de Cabrália, visitar a reserva indígena Pataxó. Por ali chegaram os portugueses para "descobrir" o Brasil, como aprendemos nos livros colegiais. Na enseada de Coroa Vermelha encontramos vários deles vendendo artesanatos industrializados. Seus líderes negavam a existência de qualquer conflito com as empresas de celulose. Estavam pacificados. Falavam com entusiasmo de um evento que estavam organizando, com o apoio de uma rede de televisão, para comemorar o "descobrimento" encenando a chegada dos portugueses, ou seja, a invasão de suas terras. Partimos, então, para o Centro de Estudos e Pesquisas para o Desenvolvimento do Extremo Sul da Bahia (Cepedes), em Eunápolis, distante 80 quilômetros. A entidade estava modestamente instalada nos fundos de uma casa no centro da cidade. Fomos recebidos com desconfiança pelo seu coordenador, Melquíades Spínola.

— Posso passar as informações que temos. Já fizemos isso com outros jornalistas da grande imprensa. Mas as matérias nunca foram publicadas.

Informei que já havia feito duas outras etapas dessa série e mostrei, no computador, cópias em PDF das matérias publicadas. Ivonete Gonçalves foi encarregada de passar as informações disponíveis, entre elas imagens feitas em 1992 por ativistas do Greenpeace, do SOS Mata Atlântica e do Cedepes. Um filme curto mostra a derrubada de 64 hectares de mata nativa com o uso de correntões amarrados a tratores. As árvores caíam aos montes, como se fossem um castelo de cartas. Spínola fez fotografias da ação das máquinas. Ficaram registradas grandes áreas devastadas, com tocos queimados e a terra descoberta. Era o preparo do terreno para o plantio dos eucaliptos. Naquela época a Veracel Florestal, subsidiária da Odebrecht, comprava terras e plantava as primeiras mudas daquela espécie exótica na região. Em 1997, a empreiteira se tornaria sócia da sueca Stora. No ano seguinte, a razão social da empresa mudaria para Veracel Celulose. Em 1999, houve a fusão da Stora com a finlandesa Enso. A Aracruz entrou no negócio somente em 2000.

Entre outras indicações, fui aconselhado a procurar um ambientalista em Belmonte, o Toni, que nos mostraria os estragos causados a uma praia após a implantação do terminal de barcaças da Veracel. O Cepedes tinha fotos do local, feitas meses antes, com dezenas de coqueiros caídos e gigantescos montes de areia à beira do mar. O objetivo do terminal era até louvável: retirar de circulação 175 carretas carregadas de toras a cada dois dias. Além de preservar a pavimentação da BR-101, a estratégia evitaria a emissão anual de 24 mil toneladas de dióxido de carbono. Mas houve falhas graves na execução do projeto. Depois de horas de conversa, partimos para aquele município, distante 150 quilômetros. Pegamos Toni no caminho, em uma casinha simples em um povoado praiano. Fotógrafo experiente, já havia trabalhado na Argentina e em outras partes do mundo. Atravessamos um rio de balsa e chegamos à praia do terminal. O cenário era desolador. Coqueiros derrubados e montes de areia ainda sendo removidos por escavadeiras. Um cano com 20 centímetros de diâmetro despejava um líquido preto nas águas do mar. A construção do terminal tinha interrompido as correntes marítimas e criado um aterro com mais de 100 metros de largura mar adentro. Como a montanha de areia não parava de crescer, a empresa encontrou uma solução ousada. Quando a maré estava sul, eles dragavam a areia depositada nesse lado do terminal e a jogavam para o outro por uma tubulação subterrânea. Caía na água um lodo preto. Com a maré norte, o processo era invertido. Toni informou que o aterro, as luzes e a movimentação dos caminhões, que chegavam por uma plataforma, estavam comprometendo a desova e a reprodução de tartarugas marinhas naquele local. Apareceu um guarda da Veracel, com a mão direita sobre um revólver. Continuei filmando até ele chegar a poucos metros. Cacá fotografava de longe. Ele informou que a área era privada e que eu não poderia tirar fotos.

— A praia não é — respondi.

Mas ele ficou tranquilo e ainda confirmou que o aterro surgiu com a implantação do terminal. Enquanto caminhávamos e tirávamos fotos, encontramos um pescador, Valdir Jesus dos Santos, 40 anos. Morador da localidade de Rio Preto, ele tentava pegar alguns peixes com rede de arrasto para o sustento da família. Mas não estava dando nada.

— Acabou o peixe aqui. Antes, tinha robalo, pescadinha, badejo, perlo. Hoje em dia, o peixe que a gente pega é esse que vocês estão vendo — comentou, mostrando alguns filhotes bem pequenos.

Perguntei o que tinha afastado os peixes. Ele tentou explicar, na sua linguagem rude.

— Acabou a beira de praia, destruiu tudo. Essa firma só fez destruir a região da gente. Tá todo mundo desempregado, e só trazem gente de fora, do Rio, São Paulo.

Naquele exato momento apareceu um grupo liderado por um diretor da Veracel, Tarciso Andrade Matos. Ele afirmou que o monitoramento feito pela empresa atestaria que não haveria comprometimento da pesca na região. Comecei a gravar a entrevista, com áudio e vídeo. O pescador reafirmou as suas queixas. Matos perguntou por que ele preferia pescar naquele local.

— Porque é aqui que eu pesco. Moro cinco quilômetros pra dentro — justificou, informando que, às vezes, era impedido de chegar até a praia por seguranças armados da empresa.

SANGUESSUGAS DO BRASIL

O diretor nos convidou para uma visita à fábrica, onde poderíamos entrevistar seus diretores. Aceitei o convite, mas pedi para marcar na quinta-feira, porque antes eu gostaria de buscar mais informações acerca dos reflexos das atividades da empresa na região. Marcamos o encontro e nos despedimos. Acabamos nos encontrando uma hora mais tarde, em um restaurante tranquilo em Belmonte, em frente à foz do rio Jequitinhonha, na antiga zona do porto. O movimento ali foi intenso durante o ciclo do cacau, no início do século passado, período em que a cidade floresceu. Hoje, parece uma vila fantasma, com casarios malconservados. Comemos uma moqueca na varanda, com direito a uma pinga para abrir o apetite, cada um na sua mesa.

O próximo passo foi uma longa conversa com o procurador federal João Alves Neto na terça-feira pela manhã. Ele estava movendo algumas ações civis contra a Veracel, pelos mais diferentes motivos. Mas o que mais interessava era uma decisão da Justiça Federal, tomada em julho daquele ano, que havia declarado nulas licenças concedidas à empresa na implantação da sua base florestal, além de determinar a retirada de 47 mil hectares de eucaliptos, com a recomposição da Mata Atlântica, e ainda multar a empresa em 20 milhões de reais. A condenação fora a consequência daquela denúncia feita em 1992 pelo Greenpeace. Na sua decisão, o juiz federal Márcio Mafra Leal caprichou no verbo. *O plantio em quantidades espetaculares de eucaliptos não só elimina a Mata Atlântica, mas também altera o quadro paisagístico da região. O sul da Bahia se viu presenteado com a monotonia fantasmagórica das florestas de eucaliptos.* Ele também criticou o parecer técnico que embasou as licenças ambientais, elaborado pelo Centro de Estudos Ambientais (CRA). *Toda abordagem é feita sob o ângulo da empresa e de suas estratégias. Praticamente todos os dados do parecer foram extraídos do estudo da Veracel, o que confirma que os referidos técnicos do CRA não passaram da sede da*

Tubulação joga areia e lodo na praia do terminal de barcaças da Veracel

Vista aérea de fábrica da Veracel em Eunápolis (BA)

HISTÓRIA AGORA

referida empresa, disse o juiz. A papeleira recorreu da decisão, e o recurso não havia sido julgado até setembro de 2011.

O impacto causado por uma fábrica de celulose é incontestável, mas ninguém pode dizer que as papeleiras não avisam. O relatório de impacto ambiental da Veracel descreve e quantifica todos os resíduos gerados pela produção industrial. É a imagem do juízo final. *A fábrica vai usar 94 mil metros cúbicos de água por dia, retirada do rio Jequetinhonha. Após o processo industrial, serão gerados 80 mil metros cúbicos de esgoto por dia, que, após tratados, seguem para o rio. Para se ter uma ideia desses números, a cidade de Eunápolis (hoje com 93 mil habitantes) consome 6 mil metros cúbicos de água por dia e gera 4,8 mil metros cúbicos de esgoto, que são lançados nos rios sem qualquer tratamento,* diz o relatório. O consumo de água e a produção de esgoto da fábrica, portanto, seria equivalente ao de uma metrópole com 1,5 milhão de habitantes, como Recife. O mau cheiro que viria também foi descrito em detalhes: *Os gases malcheirosos que são produzidos são parecidos com cheiro de ovo podre. Eles são coletados e encaminhados para tratamento. Os gases, com seu mau cheiro diminuído, são jogados no ar por quatro chaminés com 120 metros de altura. O vento mistura os gases com o ar e reduz o seu efeito.* Mas ainda tinha mais. Os resíduos sólidos somariam 37 mil toneladas ano. Só da estação de tratamento de esgotos seriam retiradas 120 toneladas de lodo e 82 toneladas de areia por dia. O lodo seria usado como adubo nas plantações de eucalipto. Mais 36 toneladas diárias de cinzas das caldeiras e seis de lixo doméstico seriam jogadas em aterros com barro bem compactado, para tentar evitar infiltrações no terreno.

O relatório abordava, ainda, outra acusação feita por ambientalistas e cientistas, que sustentam ser impossível para qualquer animal viver em uma plantação de eucaliptos, por eles chamadas de "desertos verdes". O Rima diz, textualmente: *Em uma plantação de eucalipto só existe essa planta, que não produz frutos que possam servir de alimento para outros animais. Além disso, após o terceiro ano, as árvores começam a fazer sombra no terreno que fica embaixo delas, dificultando o crescimento de outras plantas. Nessas condições, é realmente difícil a existência de animais e outras plantas nas plantações de eucalipto, a não ser quando estão próximas de matas nativas.* Aproveitando a deixa, o relatório tenta justificar a importância dos remanescentes de Mata Atlântica para a implantação de eucaliptos: *A plantação de eucalipto é um ambiente desequilibrado. Os cientistas perceberam esse problema. Para diminuí-lo, passaram a imitar o que acontece na natureza, plantando eucalipto próximo a florestas nativas. Com isso, os inimigos das pragas do eucalipto, que vivem nas florestas nativas, saem da mata e vão se alimentar delas nas plantações. Dessa forma se reduz o desequilíbrio ecológico.*

A crescente ocupação de terras da região com eucaliptos, com os inevitáveis impactos ambientais, econômicos e sociais, também preocupava o procurador de Eunápolis. Ele sustentava que 40% da área agricultável do município estava ocupada pela Veracel. Em consequência disso, estaria faltando pastagem para o gado, sem falar na redução do cultivo de frutas, legumes e verduras. Somente naquele ano, o procurador havia registrado a apreensão de dois mil e quatrocentos bois e vacas soltos na beira das estradas do município. Chegou a ser procurado por produtores que estavam organizando um movimento de criadores de gado "sem pasto".

— Desde a instalação da Veracel, os órgãos ambientais licenciaram sem qualquer compromisso de fazer o zoneamento. O plantio de eucalipto ultrapassou em muito aquilo que fora permitido. E não tem mais espaço para cultura de subsistência e pastagens — argumentava o procurador.

A Veracel afirma que as suas áreas de plantio não ultrapassam a 15% do território dos municípios do litoral e 20% dos localizados no interior. Mas as informações da própria empresa mostram

HISTÓRIA AGORA

que não bastam as áreas de plantio. Dos 211 mil hectares ocupados atualmente naquela região, 42,8% são de plantações e 49,8% de reservas naturais. Ainda têm as estradas, a fábrica, as áreas para novos plantios. Sobra pouco para a pecuária e a agricultura.

Lideranças dos municípios vizinhos tinham um discurso mais próximo ao do procurador. O prefeito de Porto Seguro, Jânio Natal (PR), era quem mais reclamava:

— O nosso município foi o que mais sofreu. Os pequenos produtores venderam suas terras e foram procurar uma cidade onde tivessem melhor perspectiva de vida. Vieram todos para a periferia de Porto Seguro — lamentava.

Ele dizia ter havido uma redução expressiva nas lavouras de feijão, mandioca, batata e mamão. Os empregos gerados pela fábrica não teriam atendido a quem deixara o campo.

— Foram preenchidos por gente que veio de fora do estado. Os impostos ficaram com Eunápolis, onde fica a fábrica — completou.

Havia, ainda, no município, uma disputa por terras entre indígenas e a empresa. Dos 103 mil hectares de propriedade da Veracel, 3,8 mil estavam dentro da área de ampliação do território indígena Pataxó. Dessa parcela, mil hectares eram ocupados com plantações de eucalipto para abastecer a fábrica de Eunápolis. Estivemos nas comunidades indígenas no domingo, dia 24. Caciques das aldeias Guaxima e Barra Velha reclamavam da expansão das plantações nas terras que reivindicavam. Diziam que os riachos estavam secando e que teria havido uma redução da caça e da pesca. O território indígena Barra Velha fora homologado em 1991, com 8,6 mil hectares. O Incra informou, em 2008, que o levantamento fundiário da área indígena apontava 1,6 mil hectares de "reflorestamento" da Veracel. A empresa disse que acataria qualquer decisão da Justiça, mas assegurou que as terras haviam sido adquiridas de fazendeiros que tinham título de propriedade.

SANGUESSUGAS DO BRASIL

A situação seria ainda mais drástica em Cabrália. Pelo menos era o que dizia o vereador Dalvino Nascimento (DEM).

— Cerca de 75% do município está tomado por eucalipto. A empresa veio com meio mundo de promessas na área social, mas tirou muitos camponeses do campo, gente pobre, analfabeta. Hoje, estão na periferia das cidades, entregues à própria sorte.

A Veracel contestava os líderes locais com um estudo feito pela Fundação Getúlio Vargas (FGV) sobre o desenvolvimento da região. Naquele ano, a empresa mantinha 3.858 empregos permanentes naqueles municípios, sendo 725 diretos e o restante terceirizado. Desde a instalação da fábrica, em 2005, a empresa teria sido responsável por quase 20% dos postos de trabalho criados na região. O ex-governador Paulo Souto (DEM), que havia governado o estado em dois mandatos, entre 1995 e 2006, também citava o estudo da FGV.

— Na verdade, o eucalipto entrou substituindo a pecuária, que não é, também, uma atividade geradora de emprego. Entre uma pecuária de baixa qualidade e um plantio de madeira industrial, não vejo prejuízo para a região. Temos de ter a preocupação de não avançar muito em municípios que já tenham um determinado nível de ocupação — dizia Souto.

Ele foi o político que mais recebeu doações das papeleiras nas eleições de 2002 e 2006 — um total de um milhão e 800 mil reais. Entre os 14 candidatos que mais receberam doações da indústria de celulose, 12 eram do seu partido. Questionei o ex-governador sobre as generosas contribuições. Ele primeiro desconversou.

— Essas florestas foram compradas há muito tempo. Eu não fui o responsável.

Lembrado de que inaugurara a fábrica em 2005, respondeu com uma pergunta, irritado:

— Ah! Sim, claro. O que eu ia fazer com aquele eucalipto lá? É claro que deveríamos licenciar a fábrica. Não tenho nenhum tipo de constrangimento.

HISTÓRIA AGORA

Mas o governo do Estado continuava sem ter o controle da área ocupada já no governo Jaques Wagner, em 2008. O secretário estadual do Meio Ambiente, Juliano Matos, admitia que o estado, os municípios e empresas tinham informações divergentes:

— Existem informações contraditórias que não batem. Não dá para fazer licenciamento de varejo, com pedidos isolados e perdendo a noção do acúmulo do impacto ambiental que a atividade gera.

Uma coisa é certa, as papeleiras fazem boas apostas. Em 2002, quando foi um azarão na disputa pelo governo, Wagner levou escassos 30 mil reais em doações do setor de celulose. Em 2006, ano em que se elegeu, teve ajuda de 270 mil.

A visita à fábrica levou quase um dia inteiro, na quinta-feira. Ao chegarmos ao portão da fábrica, percebi que não havia mau cheiro, embora a chaminé estivesse ativa. Primeiro, assistimos a algumas palestras sobre o funcionamento da planta industrial e as atividades sociais e ambientais da empresa. Em seguida, uma visita ao parque de produção. Caminhões descarregavam toras de madeira no pátio. Ali mesmo o material era picado. Depois, subia por uma esteira até os caldeirões, onde ocorria o cozimento, para a extração da celulose. Em seguida, havia o branqueamento. Tudo isso ocorria em equipamentos hermeticamente fechados. A pasta de celulose aparecia sobre uma esteira bem larga. Mais adiante, aquela manta era cortada em tiras, depois em quadrados, que acabavam empilhados, formando um pacote já atado com um laço. Tudo isso era feito por máquinas automatizadas. O primeiro operário apareceu dirigindo uma empilhadeira, que recolhia os pacotes e os levava até o caminhão. Essa automação ocorre também na colheita do eucalipto. Uma máquina *harvester* corta, retira os galhos e descasca 75 árvores por hora, ou 490 por dia. Pedi para subir à chaminé. Somente bem no alto havia cheiro, mas não muito forte. Na volta, comentei com um dos diretores que não havia sentido cheiro de ovo podre no portão.

SANGUESSUGAS DO BRASIL

— Repolho podre — descreveu o diretor.

Não era o que dizia a Rima da própria empresa. Outro dos diretores lembrou com orgulho da participação do presidente Luiz Inácio Lula da Silva na inauguração da fábrica, em 2005. E fez uma inconfidência, pedindo sigilo. Depois de fazer elogios ao empreendimento, Lula afirmou que a fábrica estava no local certo.

— Aqui tem muita terra, muita água, muita luz e muita fotossíntese.

Almoçamos no restaurante da fábrica, onde operários, técnicos mais graduados e diretores dividiam as mesas. O *buffet* era bem balanceado, servido em ambiente arejado, limpo e bem decorado. Depois, caminhamos um pouco pelo pátio e fomos até ao gabinete do diretor-presidente, Antônio Sérgio Alípio. Esperamos por mais de uma hora, mas depois conversamos durante três horas. Homem educado, gentil, respondeu a todas as perguntas com serenidade. Viu algumas de nossas fotos, assistiu a vídeos e leu documentos que apresentamos. Considerou a sentença da Justiça Federal "exorbitante". Disse que as atividades da empresa, em 1993, estariam respaldadas por licença ambiental emitida por órgão estadual, com as devidas autorizações do Ibama. Acrescentou que, em 2008, a empresa tinha um hectare de área preservada para cada hectare plantado. Ele também justificou as doações eleitorais:

— Não procuramos o benefício direto à empresa. Não é um ato para obtermos vantagem junto aos poderes Executivo e Legislativo. O objetivo é termos uma representação equilibrada do ponto de vista da discussão de interesses do setor.

Alípio defendeu o modelo de desenvolvimento implantado no sul da Bahia.

— Floresta plantada não é coisa de país subdesenvolvido. O maior produtor mundial é o Canadá, com 25% do mercado. Depois, vêm Estados Unidos, Suécia e Japão. O Brasil é o sexto do mundo, com 2% do mercado mundial. Temos cinco milhões de hectares ocupados com a silvicultura. A pecuária ocupa 70 milhões.

HISTÓRIA AGORA

As denúncias de agressões ao meio ambiente foram negadas pelo diretor-presidente.

— Imagina se faz sentido investir um bilhão e 200 milhões de reais em uma fábrica e depois transferir tudo porque destruímos o solo. Cuidar de água é da natureza do nosso negócio. A Stora tem 750 anos de registro. É a empresa mais antiga do mundo.

A produção de celulose estava em franca expansão no país naquele ano. Havia alcançado a cifra de 12 milhões de toneladas, em um crescimento anual de 5,5%. A exportação da polpa havia gerado cinco bilhões de dólares em 2008. E havia a perspectiva de um crescimento ainda maior nos anos seguintes. Alípio estava animado com as novidades do mercado mundial e falava de novos clientes:

— Na China, temos um bilhão de pessoas que não lê e não usa papel higiênico.

Os planos de expansão para atender ao mercado externo foram adiados com a crise que abateu a sócia Aracruz em 2008. A Veracel partiria para a duplicação da fábrica em Eunápolis dois anos mais tarde. O projeto previa a ampliação da sua produção de um milhão para dois milhões e meio de toneladas/ano. Mas a empresa enfrentaria novamente a resistência do Ministério Público em 2011, por causa da ocupação de uma quantidade ainda maior de terras no sul da Bahia. A empresa anunciava que as plantações ocupariam mais 107 mil hectares, sendo 92 mil com terras próprias, mas ainda faltava definir as áreas de reservas legais. Eunápolis e Santa Cruz de Cabrália, com seus campos já saturados, não receberiam mais eucaliptos. Outros sete municípios da região seriam contemplados com seus "desertos verdes". A história de enfrentamentos, litígios e processos judiciais parecia sem fim.

Sem fim